JN297871

スウェーデンにおける高校の教育課程改革
専門性に結び付いた共通性の模索

本所 恵
Honjo Megumi

新評論

はじめに

　高等学校（以下、「高校」）は、義務教育を終えた若者たちが初めて専門教育を受ける場である。様々な学科やコースがあり、それぞれの教育課程は大きく異なる。日本では、すべての学科に共通する必履修科目は、卒業に必要な単位数の4〜5割を占めるに過ぎない。つまり、残りの部分は、各学科やコースや学校によって異なる教育が行われている。

　しかしながら、そのような多様性や専門性がどれほど広く認識され、生かされているかというと、心もとない。

　高校入学前の進路指導では偏差値が重要な指針になっている。専門学科の高校への入学も例外ではない。高校選択の際に問題になるのは、専門分野よりもまず、自分の成績で進学可能かどうかという点にあることが多い。学校間には、様々に批判されながらも偏差値による一元的な序列が存在し続けているのである。

　本研究の問題意識は、かつて、筆者自身がそのような状況のなかで高校を選択した際に生まれた。中学校で目にした高校選択の資料に掲げられた多様な専門学科には、偏差値で割り切れない価値があるように思えた。高校選択は、成績で割り振られてしまっては惜しすぎる、自分自身の将来や社会のありようを考える機会なのではないだろうかと、現状に対して疑問を感じた。そんな著者の懐疑を、当時の担任教師は真面目に聞き止めた上で普通科に行き、大学に行くことをすすめた。実際に高校の内部を見て、自分の人生だけではなく、長年かけて状況を変えていく仕事に携わればよいと方向性を示してくれた。

　その思いを残したまま大学に入り、国内外の高校教育について勉強していた時にスウェーデンの高校に出会った。後期中等教育段階については、進学

系と就職系というように学校が分岐していたり、地域によって様々な教育機関が存在したりする国が多いなか、シンプルな単線型の学校体系は目を引いた。そこでは、日本と同じように、9年間の義務教育終了後にほぼすべての生徒が3年制の高校に進学するという。日本と同じような問題が存在しているのではないだろうかと、半ば同志を探すような気持ちでその国に関心をもった。

　だが、少し調べると、その内部は日本の高校とは大きく異なっていることに気付いた。スウェーデンの高校は、専門分野の異なる17の学科に分かれており(1)、入学時に生徒は一つの学科を選ぶ。その選択に際しては、各生徒がそれぞれの関心や希望進路に沿って、つまり成績で割り振られることなく、ストレスの大きな入学試験もなく、学科を選択する。基本的に選抜は行われていないため、学校や学科間の序列も存在していないという。こうした紹介文は驚きであった。本当ならば、なぜそんなことが可能のかと素朴な疑問を抱いた。

　大学院に入って本格的に研究を始め、1年間の留学を含めて何度もスウェーデンに足を運んで現地の高校の様子を観察してきた。伝統を感じさせる重厚なレンガ造りの進学校もあれば、学校内にサロンをもつ人気ある美容師コースもあった。生徒が運営するカフェやレストランを併設する学校もあれば、車の修理を請け負う学科もあった。それぞれの学科が、それぞれの専門性を活かす実践的な教育をしていた。

　そのような多様性は、制度の背景や歴史を繙くと、決して自然理に平等に存在したのではなく、序列をなくそうと努力してきた賜物であることが分かった。さらにそれは、現在もなお変化の過程にあった。こうした変化のプロセスを辿るにつれ、制度そのものに留まらず、その制度が作られてきたプロセスが魅力をもつことが見えてきた。

　スウェーデンは民主主義を重視し、その実現のために政治や経済などの分野で様々な社会実験を大胆に行ってきたことから、「デモクラシーの実験室(2)」とも称される。学校教育においても積極的に社会実験を行いながら改革議論が積み重ねられて来た。特に1970年代以降は、「絶えざる教育課程改革」を

旗印に、常に現状を変化させていくための議論が行われてきた。その議論においては、社会のなかでの教育の役割、そして公教育全体のなかで、他教育機関との関連のなかで高校が果たす独自の役割が、その時々で再検討されていた。

こうした議論や改革を進めるプロセスは、それ自体が高校の多様性の意義に答えを返しているとも言える。つまり、多くの立場からの主張を突き合わせて議論を進め、一つの社会を作っていくというプロセス自体が平等な多様性を必要とし、またそれを実現するプロセスでもあるのだ。

本書は、こうしたスウェーデンの高校教育改革の一端を明らかにするものである。模倣すべきものとしてではなく、自らのあり方を見直す鏡として、議論の一助となることを願う。もっとも、著者の未熟さゆえに、そのダイナミズムを十分に伝え切れていない部分も多々あるが、研究の一つの区切りとして本書を上梓し、今後の研究へと発展させていきたいと考えている。どうか、読者の方々には忌憚のないご意見、ご批正をいただければ幸いである。

---

(1) 2011年の改革によって、学科数をはじめ制度の変更があったため、現状とは異なる。
(2) 岡澤憲芙編著『北欧学のフロンティア——その成果と可能性』ミネルヴァ書房、2015年。

略称一覧

- APL：Arbetsplatsförlagt lärande　職場での学習（2011年～）
- APU：Arbetsplatsförlagd utbildning　職場での教育（1992～2011年）
- Ds：Departementsserien　国の政策形成過程で内閣各省が作成する文書。SOUを補完する。
- LO：Landsorganisationen i Sverige　スウェーデン労働組合総連合
- IEA：International Evaluation Association　国際教育到達度評価学会
- KOMVUX：kommunal vuxenutbildning　地方自治体による公的成人教育。コンブクス。
- PISA：Programme for International Student Assessment　OECD生徒の学習到達度調査
- Prop.：Proposition　国会に対する政府の提案文書
- SAF：Svenska arbetsgivareföreningen　スウェーデン経営者団体連盟
- SCB：Statistiska centralbyrån　スウェーデン統計局
- SOU：Statens offentliga utredningar　政府公式調査報告書
- SÖ：Skolöverstyrelsen　学校局（1920～1991年）
- TCO：Tjänstemännens centralorganisation　ホワイトカラー労働組合中央組織
- UGY：Kommittén för utvärdering av försöksverksamheten med treårig yrkesinriktad utbildning i gymnasieskolan　高校職業教育3年制化実験評価委員会
- ÖGY：Översyn av gymnasieskolans yrkesinriktade utbildning　高校職業教育検討委員会

もくじ

はじめに …………………………………………………………………… i
略称一覧 …………………………………………………………………… iv

序章　研究の目的と方法　　　　　　　　　　　　　　　　3

1　スウェーデンの高校教育課程 …………………………………… 4
（1）平等で多様な高校教育　4
（2）3度にわたる高校改革　4

2　先行研究の整理 …………………………………………………… 10
（1）後期中等教育の教育課程について　11
　　「普通教育」と「専門教育」　12
　　「カリキュラム」の重層性　13
　　総合制学校への注目　18
　　スウェーデンにおける社会階級と教養　20
（2）スウェーデンの後期中等教育改革について　23

3　本研究の課題と方法 ……………………………………………… 30
（1）課題　30
（2）方法　32

4　本書の構成 ………………………………………………………… 32

第1章　「すべての者のための一つの学校」の誕生　　35

1　総合制の理念と現実 ……………………………………………… 36
（1）分岐型学校制度の否定　36
（2）総合制の原則　39
（3）専門分化の方法　40

2　高校のレーロプランLgy70 ……………………………………… 43
（1）全体の構成とライン間の差異　43

　　　　（2）共通履修教科の設定―――一般教育の必要性　47
　　　　（3）学校における職業教育　49
　　3　改革の実施と評価 ……………………………………………50

第2章　専門分化をめぐる研究と議論　　53

　　1　背景 ……………………………………………………………54
　　　　（1）産業と教育の結び付き　54
　　　　（2）リカレント教育の強調　56
　　2　1976年高校審議会による議論と教育課程の構想 …………57
　　　　（1）1976年高校審議会の概要と研究活動　57
　　　　（2）自治体主体の社会実験　60
　　　　（3）進路よりも専門分野を選択する教育課程の提案　63
　　　　（4）教育課程編成論　65
　　　　（5）職業系／進学系ラインのタイムプラン構想　66
　　3　スウェーデン経営者団体連盟による批判と対案 ……………70
　　　　（1）スウェーデン経営者団体連盟（SAF）の概要と教育改革へ
　　　　　　の影響力　70
　　　　（2）SAFによる高校審議会批判　72
　　　　　　改革の方法と方向性について　72
　　　　　　高校の教育課程について　73
　　　　（3）SAFが提案した教育課程　74
　　4　漸次的な専門分化か、変更可能な早期の選択か ……………78

第3章　職業教育をめぐる研究と議論　　81

　　1　背景――規制緩和と地方分権化 ………………………………82
　　2　高校職業教育検討委員会（ÖGY）による議論と教育課程の構想…84
　　　　（1）短期間での現状分析と共通目標設定の主張　84
　　　　（2）ÖGYが提案した職業系ラインの教育課程　85
　　　　（3）モジュールシステムへの着目　90
　　3　ÖGYによる社会実験の実施と評価 ……………………………92

（1）全国規模での実験　93
　　　（2）実験の評価　94
　4　高校全体の教育課程の見直しへ……………………………………98

第4章　1990年代の改革――すべての学科が平等な高校へ　101

　1　総合制の深化………………………………………………………102
　　　（1）経済危機と自由化のなかで行われた三つの国会決議　102
　　　（2）学科間の共通性拡大　104
　　　（3）専門性の保障と「選択の自由」　106
　　　（4）科目組立式――リカレント教育制度を支える教育課程編成
　　　　　方式　107
　2　任意で受ける教育のレーロプランLpf94……………………111
　　　（1）枠組みへの着目と選択の自由　111
　　　（2）教育課程編成の枠組み　113
　3　教育実践の実際…………………………………………………116
　　　（1）プログラム間の分離　116
　　　（2）科目組立方式の活用　119
　　　（3）職業系プログラムの実際　120
　　　　　教育課程の具体例　121
　　　　　コア科目の学習内容を専門分野の文脈に位置づける　124
　　　（4）進学系プログラムの実際　127
　　　　　教育課程の具体例　129
　　　　　組立科目方式　131
　4　「進学か就職か」を超えるための方略と現実 ………………132

第5章　高校教育の目標と評価をめぐって　135

　1　肯定的な評価………………………………………………………136
　2　教科ベースのカリキュラムから目標・原則ベースのカリキュラムへ…138
　　　（1）目標による統制　138
　　　（2）Lpf94における教育目的と知識観　140

　　　　（3）コースプランに記された「方向目標」　142
　　　　（4）コースプランに記された「到達目標」　144
　　3　目標に準拠した評価 …………………………………………145
　　　　（1）評価システムの改訂　145
　　　　（2）成績の基準　146
　　　　（3）評価課題の開発　146
　　4　ナショナル・テストの検討 …………………………………148
　　5　成果と課題 ……………………………………………………153

第6章　高校における徒弟制教育の模索　　155

　　1　職場実習の長期化と質向上 …………………………………156
　　　　（1）1997〜2000年の実験　157
　　　　（2）2000〜2003年の実験——LIA　157
　　　　（3）2008〜2010年の実験——2011年改革の先導的試行　158
　　2　徒弟制教育の実際の様子 ……………………………………160
　　　　（1）個人プログラムでのLIA　160
　　　　（2）実習先での様子　163
　　　　（3）学校での学習　168

第7章　2011年の改革：進路に応じた専門性の強調　　171

　　1　2000年高校委員会の提案と断念 ……………………………172
　　　　（1）1990年代の改革の評価とさらなる総合化　172
　　　　（2）共通教科の増加と専門性の維持　174
　　2　2007年高校審議会の提案 ……………………………………175
　　　　（1）職業教育への焦点化　175
　　　　（2）各プログラムの専門教育の拡大　176
　　3　高校改革の実施 ………………………………………………179
　　　　（1）目的　179
　　　　（2）職業プログラムと大学準備プログラム　181

4　高校のレーロプランLgy11 …………………………185
　　5　生徒数の変化から見る改革の現実 ………………………188
　　　　(1) 職業プログラムの志願者減少　188
　　　　(2) 徒弟制　190
　　6　教育の質向上のための専門教育の強化と多様性の確保 ……192

終章　高校教育の共通性と専門性　　195

　　1　専門分化をめぐる議論と改革 ………………………………196
　　　　(1) 学科構成について　196
　　　　(2) 専門化のプロセスについて　197
　　　　(3) 専門分化と科目構成　199
　　2　高校教育としての共通性 ……………………………………201
　　　　(1) 共通性の変化　201
　　　　(2) 共通の四つの枠をもつ教育課程編成　202
　　　　　　①何らかの専門教育の入門レベルを学ぶという共通性　202
　　　　　　②生徒自身が、学習する教育課程を編成するという共通性　203
　　　　(3) 共通性の土台にある教育保障の思想　203
　　3　レーロプランの変化 …………………………………………204
　　4　残された問題 …………………………………………………206

あとがき ……………………………………………………………209
引用・参考文献一覧 ………………………………………………213

スウェーデンにおける高校の教育課程改革
——専門性に結び付いた共通性の模索——

凡例

・スウェーデンの学校は8月下旬に始まり6月に終わる。そのため学年暦は、2015年8月から翌年6月までの場合は「2015/16年度」と表記している。
・スウェーデン語の"gymnasieskolan"は「高校」と訳している。日本においてこれに相当する学校の正式名称は「高等学校」であるが、学校教育段階の区別で用いられる「高等教育」との混乱を避けるため、本書では一般的に用いられている「高校」とした。日本の高等学校についても、同様に「高校」としている。なお、日本において「高等教育」は大学や短期大学等で行われており、高等学校は中学校や中等教育学校とともに「中等教育」を行う。
・"läroplan"については、学習指導要領やラーロプランという訳もあるが、本書ではスウェーデン語の音に近い「レーロプラン」とした。
・人名・地名は、初出時に原語を記載する。

序章

研究の目的と方法

ストックホルムの風景

1　スウェーデンの高校教育課程

(1)　平等で多様な高校教育

　義務教育を終えた若者達にどのような教育を提供するのか。共通の教育から専門分化していく段階の学校制度や教育課程については、20 世紀後半に多くの国々で教育論議の中心になってきた。日本では高校にあたる、後期中等教育段階の問題である。

　現在、日本の高校には、大きく分けると「普通科」「専門学科」「総合学科」の 3 種類の学科があり、約 7 割の生徒が普通科に通っている。専門分野や学習者のニーズに応じた水平的な多様化を望む声がありつつも、偏差値による序列が明確に存在しており、競争的な高校入試が毎年繰り返されている。

　一方、スウェーデンに目をやれば、すべての学科が何らかの専門性をもち、高校進学の際には入学試験はなく、それぞれの専門分野の特徴が高校選択の重要な資料になっている。進学系学科と職業系学科とに分けるならば、2005 年では、生徒数は約半分ずつという割合であった。改革を経て 2015 年現在、進学系学科生徒数の割合が増加傾向にあるものの、日本と比べるとまだなお職業系学科に通う生徒の割合が多い（**図表序-1**）。こうした学科は、偏差値によるランキングなどはなく並置されており、入学試験なしで大半の生徒は希望した学科に入学できている。もちろん、すべての生徒に対して高校教育が保障されている。

(2)　3 度にわたる高校改革

　多学科が平等に存在するというスウェーデンの高校の姿は、古くからあったわけではなかった。学科の在学年数や入学・卒業要件が等しくなったのは 1990 年代のことである。それまでには、進学系と職業系をはじめとする分

図表序-1　日本とスウェーデンの高校：学科別生徒数の割合
（2015年、外側白抜きは2005年）

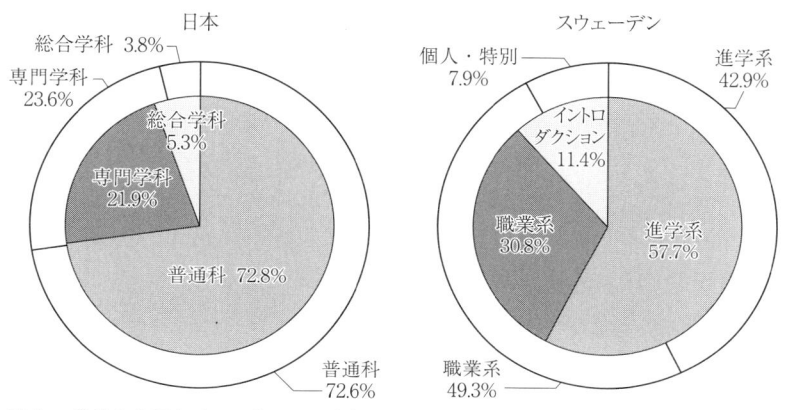

日本：総合学科 3.8%／専門学科 23.6%／総合学科 5.3%／専門学科 21.9%／普通科 72.8%／普通科 72.6%

スウェーデン：個人・特別 7.9%／進学系 42.9%／イントロダクション 11.4%／職業系 30.8%／進学系 57.7%／職業系 49.3%

出典：学校基本調査（2005年、2015年）, Skolverket, *Statistik i tabeller*（2005/06, 2014/15）

離や格差を乗り越えて、統合に向けた改革が繰り返し行われてきた。その過程を検討するにあたって、まずはスウェーデンの学校教育の歴史を概観しておこう。

　スウェーデンに初めて後期中等教育機関ができたのは1623年である。大学に入学するための準備教育を行う王立の「ユムナーシウム（gymnasium）」が、ストックホルムの西約100キロにあるメーラレンコ湖岸の都市ヴェステロース（Västerås）に建てられた。そしてこれ以降、ユムナーシウムが全国に急速に設置されていった。なお、大学は1477年にウプサラ（Uppsala）に建てられたのが始まりである。大学を頂点として、その準備を行うユムナーシウム、その前段階の「三学学校（trivialskolan）」と下部の教育施設が整備されていった。

　一方、初等教育を起点にした全国民対象の学校教育も整備された。1842年には初等教育を行う「国民学校（folkskolan）」がつくられ、4年間の義務教育が始まった。その後、国民学校に5、6、7年次ができ、義務教育期間が1930年代に7年間になった。ただし、その7年間はすべて国民学校で行われるわけではなく、国民学校4年次修了時に中等教育機関へ進学することも、

図表序-2　スウェーデンにおける学校体系の変化

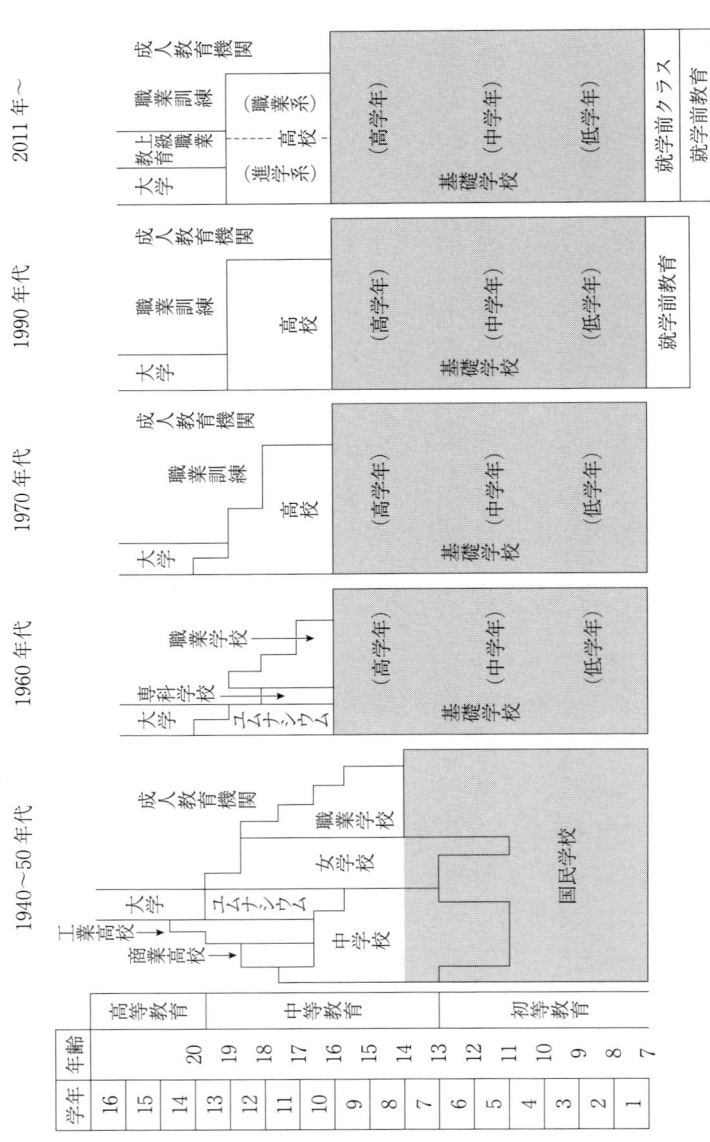

注：■は義務教育期間を示す。高校は20歳以下。大学に年齢制限はなく、現実には一度社会に出てから入学する人が多いため、学生の年齢は多様である。
出典：各種資料より著者が作成。

6年次修了時に進学することも認められていた。そして、7年次修了者は、就職したり職業学校で職業訓練を受けたりした。

つまり、中等教育段階には、大学すなわち高等教育から下降して発展してきた教育機関と、初等教育から上昇して発展してきた教育機関とが並立し、その接続の方法が複数存在していた。子ども達から見れば、全員共通の初等教育から、段階的に中等教育へ行くにつれて進路が分岐していったのである。このように進路によって枝分かれしていく学校制度および学校での教育は、ドイツを模して整備されていた。

この分岐型の学校制度は、1940年代以降、単線型の学校教育制度に整備されていった。その背景には、極貧状態からの国民統合と社会再建の経験がある。貧しい農業国だったスウェーデンに、1920年代、ひどい飢饉が起こった。それは、全国民の約4分の1に当たる人達がアメリカなどに移住せざるを得ないほどの状態であった。そこからの社会再建をリードしたのは「スウェーデン社会民主主義労働者党（Sveriges socialdemokratiska arbetareparti）」（以下、社会民主党）だった。党首ペール・アルビン・ハンソン（Per Albin Hansson）のもとで「国民の家（folkhemmet）」のスローガンを掲げて国民統合をして、社会の再建を行ったのである。

ここで目指された平等な社会の基盤として、学校教育は特に重要であると考えられた。社会が重視する民主主義と平等を実際に体現しながら、子ども達に伝えるためである。この理念をもって、経済再建の見通しが立った1940年代、初等教育から順に単線型の公教育システムの構築が進められた。

7歳から16歳までのすべての子ども達を対象とする9年制の義務教育学校が構想され、1950年代の大きな社会実験を経て、1962年にはすべての子ども達に9年間の義務教育を行う「基礎学校（grundskolan）」が設置された。それはラディカルな総合制化改革として世界からも注目を集め、OECD（経済協力開発機構）の報告書において、「教育改革の先進国」と評されたほどだった。[1]

---

[1] OECD, *Reviews of national policies for education: Educational reforms in Sweden*, Paris: OECD, 1981, p. 13.

この基礎学校に続く後期中等教育段階を単線型にする学校として1971年に誕生したのが、本研究が対象とする総合制の「高校（gymnasieskolan）」である。この「高校」は、当時、基礎学校に接続して分岐型の学校体系を成していた三つの教育機関、すなわち大学準備教育を行う「ユムナーシウム」、多種多様な職業専門教育を行う「職業学校（yrkesskolor）」、そしてその中間的な性格をもつ「実科学校（fackskolan）」を統合する、「すべての者のための一つの学校（en skola för alla）」として誕生したのだった。

　ただし、新しく発足した高校の教育課程は、基本的にそれまでに存在して諸学校の教育課程を踏襲したため、多種多様なものがそのまま並置された。高校には「ライン（linje）」と呼ばれる多数の学科が設置され、各ラインはそれぞれが母体とする学校の教育課程を受け継いでいたのである。高校の教育課程は、初等中等教育を管轄する学校局（Skolöverstyrelsen）によって全国共通に定められた。日本では学習指導要領にあたるその規定は、「レーロプラン（Läroplaner）」と呼ばれ、高校に適用された70年版高校レーロプラン（Läroplaner för gymnasieskolan: Lgy70）は、ラインごとに、入学から卒業までに履修する教科や時間数を規定した。生徒は入学時に一つのラインを選択し、そのラインの教育課程に沿って学習した。すべての生徒が共通して履修する教科は「スウェーデン語」と「体育」のみで、他はそれぞれの専門分野に応じて教育課程が異なっていた。

　さらに、ラインによっては在学年数や大学への進学可能性などにも差異があった。こうしたことから高校は総合制としては不十分なものと評され、国際的にも、国内でも、初等教育の改革ほどには着

70年版高校レーロプラン（総則）表紙

目されなかった[2]。

　しかしながら、後期中等教育の統合を目指す改革は1970年代に終わったわけではなかった。改革のための議論は、公教育の量的側面から質的側面へと焦点を移して続けられ、1980年代にはカリキュラム研究や学校組織研究を土台として多様な社会実験が行われ、1990年代前半に再び大きな高校改革が行われた。

　この改革によって学科構成と教育課程が再編成され、学科間の共通性が拡大した。ラインによって2〜4年と異なっていた在学年数は3年間に統一され、各学科は、「ライン」ではなく「プログラム（program）」と呼ばれるようになった。すべてのプログラムの生徒が共通で履修する教科は教育課程の3分の1を占めるようになり、それによって、どのプログラムを修了しても大学進学の基礎要件が保障されることになった。

　教育課程については、「任意で受ける教育のレーロプラン　94年版（Läroplaner för de frivilliga skolformerna: Lpf94）」が大枠を定めた。これは、高校のみではなく、同じ水準の成人教育に対しても適用される規定であった。生涯学習社会の理念のもとで、公教育全体を「義務教育」と「任意で受ける教育」という2種類として包括的に捉え、その2種類のレーロプランが作られたのだった。

　この1990年代の改革は、すでに学校制度としては単一化されていた高校内部の改革であり、公教育制度全体を変化させるものではなかったため国際的な注目を集めることは少なかった。しかしながら、高校としての共通性は格段に高くなり、それでいながら同時に多様な専門教育を保持している点に着目する声もあった。例えば、イギリスの教育社会学者であるマイケル・ヤング（Michael Young）は、プログラム制の高校について、進学系と職業系のプログラム分岐を保持しながらも、すべての若者を選抜なく入学させる興味深い例として取り上げ、「新しいカリキュラム・モデルになるかもしれない」と評価している[3]。

---

(2) Marklund, S., Differentiation and integration in the Swedish upper-secondary school. *International Review of Education*, 24, 1978, pp. 198–199.

ただし実際には、プログラム間の差異や職業教育の質の不十分さなど、理想と現実との齟齬が指摘され、2000年代には高校改革の議論が、特に職業教育をめぐって再燃した。そして、2011年には進学系プログラムと職業系プログラムを明確に区分する改革が行われ、教育課程についても「高校レーロプラン　2011年版（Läroplaner för gymnasieskolan: Lgy11）」が出された。このレーロプランは再び学校種別に作られており、成人教育とは別の、高校単独の規定になった。

この改革は、1990年代の高校改革の方向性を否定し、1970年代の不平等な制度に逆戻りするものであるとして、教育研究者達から大きな批判を浴びた[4]。進学系プログラムと職業系プログラムとで教育課程の枠組みなどに差異が設けられ、そのことが過去の制度に回帰しているという指摘であった。しかしながら、それは単純な回帰ではなく、社会や教育の役割という変化を反映したものでもあり、以前よりも評価や学習成果に強調点を置くという変化でもあった。

このように、1971年に誕生してから1990年代、2011年と行われた改革、特にそれに伴って行われたレーロプランの改訂では、毎回、学科構成および各学科における教育課程の構成が問われ、変化してきた。つまり、常に高校教育の多様性と共通性をどうするかという問題が扱われてきたのである。さらに言えば、それは高校教育がどのような理念や役割をもつのかという問いであった。

本研究では、この一連の改革を、教育課程に焦点をあてて検討することで、多様な専門分野が平等に認められるスウェーデンの高校がどのようにつくられてきたのか、そしてどのような方向性で進もうとしているのかを明らかにしたい。

2　先行研究の整理

まずは、スウェーデンの高校教育課程改革に関わって、これまでに行われ

てきた研究を整理する。これを通して本研究がどのような研究の流れに位置づくのかを確認するとともに、その蓄積を踏まえて本研究の検討課題を具体化する。

(1) 後期中等教育の教育課程について

　高校の教育課程に関する研究は、義務教育段階の研究に比べるとかなり少ない。その理由の一つは、高校に存在する課題の複雑さにある。例えば、教育社会学者の志水宏吉は、中学校と高校とを含めた中等教育段階の複雑さについて、内容、理念、組織という三つの軸で異なる要素がぶつかり合うため、性格を一義的に規定することが困難であり、多くの課題が生じているという[5]。

　第一の教育内容の軸には、「完成教育」と「準備教育」、すなわち「職業教育」と「普通教育」と呼び換えられている要素がぶつかり合っている。第二の理念の軸には、初等教育の側から推進される「平等主義」と、高等教育の側から求められる「能力主義」の拮抗がある。そして、第三の組織については、義務教育としての「前期中等教育機関」と、義務ではない「後期中等教育機関」に分断されているのである。

　この整理は、中等教育研究を構造化して捉えることには役立つ。ただし、それぞれの軸は単純な二項対立では捉えられず、要素の重なり合いや時代による変容や国の状況といった違いがある。例えば、「完成教育」と「準備教育」という語については、学校を社会に入る前の準備期間として捉え、高校で教育が「完成」するか、大学への「準備」をするかが対置されている。しかしながら、その前提は、生涯学習が広がって一度社会に出た後に再び学び直すことが珍しくない社会においてはほとんど用いられない。そのような社

---

(3) Young, M., Bridging the academic/vocational divide: Two Nordic case studies, *European Journal of Education*, 28 (2), 1993, p. 214.
(4) Lundahl, L., Skilda framtidsvägar: Perspektiv på det tidiga 2000-talets gymnasiereform, *Utbildning & Demokrati*, 17 (1), 2008, 29-51. 等。
(5) 志水宏吉「中等教育の社会学──研究動向の整理と展望」大阪教育大学教育学教室『教育学論集』1989年、1ページ。

会では、一度働いても再び学校教育を受けることがあり、どの段階で学校教育が「完成」するという考えは薄くなるからである。

このように、これらの対立項は、要素としては多くの国の中等教育に共有されるものの、具体的には、現実と照らし合わせてそれぞれの社会背景などによる違いを検討しておく必要がある。

「普通教育」と「専門教育」

高校教育に限って言えば、特に「普通教育」と「職業教育」をめぐる課題が多くの国において課題とされ、議論されてきた。日本の高校教育においては、高校教育の二重の目的とされた「普通教育」と「専門教育」という語で論じられてきたものである。

日本の高校の目的は、学校教育法において、「中学校における教育の基礎の上に、心身の発達及び進路に応じて、高度な普通教育及び専門教育を施すことを目的とする(6)」と定められている。この「普通教育」と「専門教育」がいったい何を指しており、どのように関連するのかといったことが議論されてきたのである。

日本の高校には、「普通科」「専門学科」と呼ばれる学科があり、これが「普通教育」と「専門教育」に対応するように語られるので誤解を招きやすいが、普通教育と専門教育は学科の区分ではない。普通教育に関しては、英語 general education の訳語であり、原義では、職業身分別の教育を越えた自由人にふさわしい普遍的教養という意味をもつが、近代市民社会の発展のなかで「公共社会の構成員たるものの共有する教育」という意味に変化したと言われている(7)。高等教育についての議論では、「一般教育」と訳されることが多い。これに対して「専門教育」は、一部の人を対象に行われる、何らかの領域の発展的な教育ということができる。

スウェーデン語では、普通教育および一般教育はともに allmänbildning があてられる。allmän は「限定なく当てはまる(8)」、つまり「一般的」という意味があり、bildning には何かが育まれていく「教育の過程」、つまり自然な生活の中での養育を意味するとともに、主に人文的な「多様な分野の一般的

な知識」[9]、すなわち「教養」という語義がある。

　このbildningという語は、ドイツの教養（Bildung）理念を受け継いだものであるが、スウェーデンでは決して一部の上流階層に限定的に育まれるものではなく、労働生活の一部として教養理念が育まれ、学校、労働、余暇を含めた日常生活のあらゆる場面で教養が育まれるものと捉えられていたことが大きな特徴と言える[10]。

　そして、日本と大きく異なる点として、このallmänbildningは、スウェーデンでは高校教育の目的に据えられてはいない。スウェーデンにおける高校の目的は、次のように定められている。

> 　　高校は、職業と進学、および人としての成長と積極的な社会参加のために十分な土台を与える。教育は、社会的共同を促進し、生徒が自立的・協働的に行動し、知識の理解を深め活用する能力を発達させるように計画される[11]。

　スウェーデンでは、高校の目的は「普通教育」や「専門教育」という抽象的な言葉では語られてはおらず、より明確な言葉で示されていることが分かる。とはいえ、「職業と進学」という、各生徒の進路に応じた専門的な内容が含まれるとともに、「人としての成長と積極的な社会参加」という、すべ

---

(6) 学校教育法、第6章50条
(7) 中内敏夫『教育学第一歩』岩波書店、1988年、52〜53ページ。教養については、廣川洋一『ギリシア人の教育——教養とはなにか』岩波書店、1990年も参照。
(8) Allen, S. m.m. (red.), *Nationalencyklopedins ordbok*. Göteborg: Bra Böcker, 1995, s. 22. なお、この他には、「（個人と対置される）ほぼ全員の集団」「全体性」という意味がある。
(9) *Ibid.*, s. 148.
(10) 石原俊時「スウェーデン社会民主主義における教養理念の展開（上）」東京大学社会科学研究所紀要『社會科學研究』第46巻、1994年。石原俊時「スウェーデン社会民主主義における教養理念の展開（中）」東京大学社会科学研究所紀要『社會科學研究』第47巻、1995年a。石原俊時「スウェーデン社会民主主義における教養理念の展開（下）」東京大学社会科学研究所紀要『社會科學研究』第48巻、1995年b。
(11) Skollag (2010:800) 15kap2§を著者が訳出。

ての生徒に共通する要素が含まれている。すなわちここでも、高校は普通教育と専門教育という二重の役割を担っていると言える。

　以上のことを踏まえて本書では、普通教育と専門教育について、進路に関わらず全員に共通する教育を「普通教育」、進路や目標に応じて異なる教育を「専門教育」と整理する。つまり、大学へ進学するための準備に特化した教育であれば、それは一つの「専門教育」となる。ただし、注意が必要なのは、同じ教育内容であっても、場合によって普通教育に位置づけられたり専門教育に位置づけられたりするということである。例えば、「簿記」の教育内容について、経済分野や商業分野を専門とする学科では「専門教育」とされる一方で、他の学科においては、社会の仕組みや家計の計算をするための一般教養、すなわち「普通教育」として学ぶことがある。要するに、普通教育と専門教育とは、その教育内容が教育課程のなかでどのような役割を担うかを示す概念と言える。

　このように普通教育と専門教育を区別したうえで、本書では、すべての人に共通する教育については、「普通教育」という語ではなく、同じくallmänbildningを指す「一般教育」という語を用いたい。

　「普通教育」が初等・中等教育で限定的に用いられている言葉であるのに対して、「一般教育」はより広く、高等教育や成人教育においても教育内容の性格に即して用いられる。スウェーデンの学校教育が、広く成人教育までを含む生涯学習社会の整備のなかで構想され、高校教育と成人教育とが重複する内容を含んで関連していることを鑑みれば、「普通教育」と「一般教育」を区分することはできず、両者を包括する語を用いることが適切と考えられるためである。

「カリキュラム」の重層性

　高校教育にどのように「一般教育」と「専門教育」を含め、どう関連づけるかといったことが多くの国で議論されてきた。ただし、その概念の意味合いや実際の姿は国や時代によって大きく異なり、単純に対置できない。現実の高校教育改革を議論するためには、これらの概念が意味する具体的な教育[12]

課程を取り扱う必要がある。

　「教育課程」とは、教育の目的を達成するために教育内容を組織・配列した教育の全体計画を指す。つまり、この語は教育の計画段階に限られた意味合いをもっているが、日本語の「教育課程」に対応する英語のcurriculumは多義的である。IEA（International Evaluation Association：国際教育到達度評価学会）は、政策として「意図したカリキュラム（intended curriculum）」、実際に教師が「実施した（implemented）カリキュラム」、生徒が「達成した（attained）カリキュラム」の3層に分けている。

　日本では、国家や行政機関によって「制度化されたカリキュラム」、学校や教師によって「計画されたカリキュラム」、教師と生徒との関わりのなかで「実践されたカリキュラム」、そして生徒に「経験されたカリキュラム」と重層的な捉え方がなされている。カリキュラムは、計画段階である「教育課程」に加えて、その実施、そして結果までも含む広い概念であると言える。

　なお、カリキュラムに相当するスウェーデン語は、先に述べた「レーロプラン（läroplan）」である。1992年にレーロプランを改訂するための審議を

---

(12)　Lauglo, J., Concepts of 'general education' and 'vocational education'. Curricula for post-compulsory schooling in Western industrialised countries: When shall the twain meet?, *Comparative Education*, 19（3）, 1983, pp. 285-304.

(13)　天野正輝は、教育課程を「学校教育の目的・目標を達成するために、文化的諸領域や人間の経験活動から選択した教育内容を、児童・生徒の心身の発達に応じて、授業時数との関係において、各学校が組織・配列した教育内容の全体計画」と定義する（天野正輝「教育課程の構造」日本教育方法学会編『現代教育方法事典』図書文化、2004年、169ページ）。本書では、この定義をもとにしながら国による状況の差異を鑑みて、教育内容の選択・配列原理および編成主体に関して特定することを避けた。

(14)　Marlin, M. O. & Kelly, D. L.（Edi.）, *Third International Mathematics and Science Study Technical Report, Volume II: Implementation and Analysis──Primary and Middle School Years*, Massachusetts: Center for the Study of Testing, Evaluation, and Educational Policy, Boston College, 1997, p. 3. http://timss.bc.edu/timss1995i/TIMSSPDF/TR2book.pdf, 2015/10/26 確認。

(15)　松下佳代「大学カリキュラム論」、京都大学高等教育研究開発推進センター編『大学教育学』培風館、2003年、67〜69ページ。田中統治「カリキュラムと教育実践──中学校選択教科制の事例分析を中心に」藤田英典・志水宏吉（編）『変動社会のなかの教育・知識・権力──問題としての教育改革・教師・学校文化』新曜社、2000年。

行った委員会は、レーロプランについて「カリキュラム」と同様、以下のように複数の語意を示した。⁽¹⁶⁾
- 教育行政によって規定される「課された（påbjuden）レーロプラン」。
- 規定のなかで教師が実施可能な「実施できる／可能性がある（tillgänglig eller möjliga）レーロプラン」
- 現場で実際に「実施される（genomförd）レーロプラン」
- 生徒によって「達成される／評価される（erfällen eller utvärderad）レーロプラン」

しかし、このような多義的な用法は広く受け入れられているとは言い難く、一般的には、レーロプランは「制度化されたカリキュラム」、つまり国が教育実践を規制するために定めるナショナル・カリキュラムを指している。日本で言えば学習指導要領にあたる。

日本における教育課程の研究は、国が定める学習指導要領の変遷やその背景、あるいはその下で各学校が展開する教育実践を扱うものが主である。高校についても、学習指導要領の変遷の検討[17]や、その内容に対する民間教育団体による検証と問題提起などが行われてきた[18]。

研究としては特に、戦後発足した新制高等学校が重視した「小学区制」「男女共学制」「総合制」などの原則について歴史的に明らかにした矢野裕俊の研究[19]や、これら「高校三原則」の一つである「総合制」が学習指導要領の改訂を通して変容する過程に関する佐々木享の研究[20]が際立っている。

佐々木によれば、高等学校が発足した1947年には、文部省は「総合制」を、普通科を含む多課程並置制として構想するに留まっていた。しかしながら数年後、その構想は通学可能な学科数の地域間格差是正、総合制の特徴を生かしたカリキュラム運用と意義を拡大していく[21]。

1949年の文部省解説において、総合制の教育課程については共通の必修教科を設定する一方で大幅な選択制を取り入れ、固定的な学級ではなく毎時間異なる複数学科の生徒が混在する集団で授業を行い、実業の教科を重視するといった運用が詳細に説明された[22]。つまり「総合制」は、多課程の並置に

留まらず、各生徒が多様な分野の教科目を履修する可能性を拡げ、多様な学科の生徒が交流するものとして構想されたのだった。

しかし現実には、運営上の難点や政策の転換のために、1950年代には多課程並置が推奨されなくなり、職業課程単独校が増加した。1956年の学習指導要領の改訂では、生徒が個々の科目を選択するのではなく、複数の教科目をまとめたコースを選択する方式が容認され、異課程の生徒が交流する機会が減ってしまっている。佐々木はこの過程においても、「報告されているほとんど全ての学校が、全体としては総合制は困難ではあるが伸ばすべきものとしてとらえている」[23]と記しており、総合制が理念としては支持されていることを強調する。そして、1956年の改訂は総合制の眼目を無に帰した、と批判している。

ただし佐々木は、同時に、この改訂は必修科目を増やすことによって、「全ての高校生に学ばせなければいけないもの――国民的教養としてのミニマム・エッセンシャルズとは何かという問題を改めて提起するものであった」[24]点を評価してもいる。つまり、総合制に伴う大幅な科目選択制を支持しても、その一方で、すべての高校生に必ず学ばせる共通の学習内容が必要で

---

(16) Läroplanskommittén, *Skola för bildning*（SOU 1992:94）, 1992, s. 44.
(17) 政策の変遷を明らかにするものとして、門脇厚司・飯田浩之編著『高等学校の社会史――新制高校の「予期せぬ帰結」』東信堂、1992年。菱村幸彦『教育行政からみた戦後高校教育史――高校はどう変わったか』学事出版、1995年。などがある。
(18) 宮原誠一監修、国民教育研究所編『高校教育多様化と入試制の問題――その実態と解明』労働旬報社、1968年。乾彰夫・竹内常一・鈴木聡・今村梅子・笹川孝一・河内徳子・太田政男『講座高校教育改革1 高校教育は何をめざすのか』労働旬報社、1995年。教育科学研究会・小島昌夫・鈴木聡『高校教育のアイデンティティー――総合制と学校づくりの課題』国土社、1996年など。
(19) 矢野裕俊『自律的学習の探求――高等学校教育の出発と回帰』晃洋書房、2000年。
(20) 佐々木享『高校教育論』大月書店、1976年。佐々木享『高校教育の展開』大月書店、1979年。
(21) 佐々木享、前掲書、1976年、113～114ページ。
(22) 文部省学校教育局『新制高等学校教科課程の解説』教育問題調査所、1949年、69～72ページ。
(23) 佐々木享、前掲書、1976年、129ページ。
(24) 同上書、130ページ。

あると考えていたのである。

この議論に見られるように、高校教育課程については、すべての生徒に共通の教育内容は何か、そのほかに生徒は何をどのように選択し、学ぶべきかが大きな論点となっていた。

総合制学校への注目

共通の教育内容と専門化のプロセスは、国を越えて後期中等教育に関する重要な論点であった。日本の研究者が注目したのは、イギリスやドイツをはじめとするヨーロッパの総合制学校だった。特に、1960年代後半以降に日本で進められた高等学校の「多様化」政策への批判を背景に、階級や人種の分離を乗り越えようとするイギリスの「総合制学校（comprehensive school）」への関心が高まった。

青年期の教育をメインに研究している太田政男は、イギリスの中等教育段階が複線型から単線型へと改革された過程を検討し、総合制学校においては共通とされる教育課程の内容が大きな論点だったことを記している[25]。その議論として太田は、共通の文化（common culture）から教育課程を打ち立てようとするデニス・ロートン（Denis Lawton）の主張と、それに対する批判を取り上げ、共通の教育内容を策定する際の困難がイギリス社会で明確に存在していた「社会階層の別」を乗り越える点にあることを指摘している。

イギリスの総合制学校は、できるだけ多課程間に共通の教育課程を設定するべきという信念があった。しかし、共通課程を置くことに対しては、歴史的に存在するエリート的な「高い文化」と民衆的な「低い文化」との区分に応じて２種類の教育課程を設定すべきという意見や、伝統的でアカデミックな教育課程が地域の生活や文化と結び付いていないことを批判し、労働者階級の教育課程を独自につくろうとする主張があったという。

社会階層の別は、ドイツ、フランス、イギリスでの統一学校運動を分析した太田和敬も強調している。太田はこれらの国々での統一学校運動を、支配階級による自己教育と、支配者層による大衆教育という二つの要素を一つの制度のなかに組み込む運動だったと見なしている[26]。この２種類の要素は、エ

リートのための高度な教養と、国民のための実用的な知識および服従を受け入れる道徳にあたり、これらは教育内容において一体化されえなかったと分析している。つまり、統一学校運動は、「宗教教育・一般教養なども含めた核としての教養の統一[27]」を目指しながらも、それを実現することができなかったというのである。

その研究を通して太田は、制度的な学校組織の統一が実質的な意味をもちうるためには教育内容の核が必要であるとし、その核として、学問分野や学習者の立場や文化を貫く普遍性をもつ教養の再編、すなわち民主主義社会の自治能力や社会生活に必要な能力を教養として再編することを主張している。

こうした制度的検討を踏まえて、より教育課程に踏み込んだ検討を行ったのが、学校でのカリキュラムづくりを理論的・実践的に研究する西岡加名恵である[28]。西岡は、学校の制度枠組みを「総合制」に変えるのみならず、その教育内容と方法を貫く教育原理レベルで学校教育を「総合性」へ転換することが重要であると主張する。そして、イギリスの「総合学校（comprehensive school）」を支持する理論のなかに、以下に挙げる三つの原理があることを指摘している。

①多様な社会背景や知能をもつ子どもが混ざり合うことを目的とする「統合主義原理」

②できるだけ多くの人々の間から、能力のある者を選び出そうとする「能力主義原理」

---

[25] 太田政男「社会と学校――イギリスの総合制中等学校と共通教育課程をめぐって」『教育学研究』第52巻第3号、1985年。

[26] 太田和敬『統一学校の研究』大空社、1992年、493ページ。

[27] 同上書、494ページ。

[28] 西岡加名恵「英国における『総合学校』の原理」京都大学教育学部教育課程・教育指導研究室『教育方法の探究』創刊号、1997年。西岡加名恵「英国における共通カリキュラムの理論――平等主義原理に基づくものに焦点をあてて」『教育目標・評価学会紀要』第8号、1998年。西岡加名恵「英国の総合学校における平等主義のカリキュラム――2つの中等学校の比較研究」『教育方法学研究』第25巻、2000年。西岡加名恵「英国における総合学校を再考する――6つの中等学校の比較を通して」『鳴門教育大学研究紀要（教育科学編）』第16巻、2001年。

③すべての子どもの教育は、本質的に等しい価値をもつと考える「平等主義原理」

①と②は、入学する生徒の観点からのみ「総合学校」を定義し、学校の伝統的価値の変換を意図していないが、③の「平等主義原理」は学校内の教育課程をつくり替えることを意図している。このことから西岡は、平等主義原理に立つ学校のみを「総合学校」として再定義し、フィールドワークによってその原理の具体的実現の形態を多面的に把握している。

その視点は、学校制度、教育内容、履修原理、学区制度、生徒や教員の特徴、学校のエートス（校風）といった多様な視点である。複雑な要素が絡み合う学校の特徴を、中心原理を据えたうえで、多様な側面においてその具体化が図られていると考え、構造化して捉えるという西岡の分析枠組みは、教育課程の理解において重要である。西岡は、教育課程編成に関わる諸要件を**図表序-3**のように整理している。

この分析を通して西岡は、一定数の必修教科と学区内での教育保障のうえで、選択による多様な価値の創造といった柔軟性を認める教育を共通に保障すべきだ、と提案している。この提案のような教育を実現しようとした一つの形が、スウェーデンの高校の教育課程改革の歴史であると言える。

スウェーデンにおける社会階級と教養

とはいえ、イギリスやドイツの教育課程の問題が、社会階層や「支配－被支配」といった関係性や教養をめぐる問題だったことに対して、スウェーデンでは状況が異なっていた。総合制化改革を推進した社会民主党政権は、上述したように戦間期に「国民の家」を掲げて国民統合を成し遂げており、支配者層と労働者という対立の構造をイギリスやフランスのように描くことはできなかった。

また、共通の教育内容になりうる「教養」に関連しては、スウェーデンの近代化・工業化の特質を明らかにしてきた経済史研究者の石原俊時や、スウェーデンの成人教育の歴史と構造を教育社会学の視点から明らかにした太田美幸が記している同国の特徴を踏まえておく必要がある。スウェーデンの労

図表序-3 教育課程編成の構成要件

構成要件		主な論点
基本要件	教育目的・教育目標	価値・理念・校風（エートス）。目的。目標（教材、指導過程と学習形態、学力評価）。
	構造（スコープとシーケンス）	経験主義か系統主義か。単元の配置。
	履修原理	履修主義か修得主義か。必修か選択か。
教育条件	時間配分	1単位時間。教科などへの配当日時数。年間の流れ。
	子ども集団の編成	集団の規模。異質化原理か等質化原理か。固定的か、柔軟に変化するか。
	教職員の配置	教科担任制か学級担任制か。TTやゲスト・ティーチャーの有無。
	教具、施設・設備	教具の種類と数。教室の種類と配置。オープン・スペースの有無。
	学校間の接続	接続校との関係（連携、一貫など）。入試制度のあり方。
前提条件	入学する子ども	発達段階、学力、性格特性、ニーズなど。
	保護者や地域社会	学校への期待、協力体制、地域文化など。
	学校の特色	伝統、各種教育資源など。
	接続校、近隣校との関係	連携の有無。学校間競争の有無。
教育課程編成の制度		中央集権による統制か、「学校を基礎にした教育課程編成」か、学校間ネットワークの形成か。学校内での教育課程経営のあり方。教育課程評価の主体と進め方。

出典：西岡加名恵「教育課程をどう編成するか」『新しい時代の教育課程（改訂版）』有斐閣、2009年、171ページ。

働者階級には独特な階級意識や、国民（folk）としての自覚と教養（bildning）概念があり、また、広範な民衆層を対象とした自発的な教育活動である民衆教育（folkbildning）が活発に存在したのである。[29]

　石原は、スウェーデンにおいて19世紀に存在した支配階級の新人文主義的教養理念に対抗して、都市や農村の下層中間層が自由主義的な教養理念を

育み、それが労働者階級によって批判的に検討されながら継承されていく経緯を明らかにしている。下層中間層は、民衆教育によって労働者を啓蒙・教化して市民的公共性に参加させていこうとした。その教育活動が労働運動のなかで労働者自身が主体となって行われるようになり、それに伴って労働者は、資本・労働関係の弊害を強く認識するようになった。そして教養は、この弊害を克服し、社会をうまく機能させるものとして位置づけられたという。

その教養理念には2潮流があった、と石原は指摘している。それは、社会や自然の科学的知識を身に付け、理性的・合理的に行動し、公共の活動を担って調和的な社会発展を主体的に支えていく市民を育成する啓蒙主義的な教養理念と、近代工業化のなかで失われた人間存在の全体性を回復し、日常生活のあらゆる局面で自己と社会の相互的発展を追求し、精神の諸能力を調和的に発展させていく人間を育てるロマン主義的な教養理念である。

そして、これらが交錯して生まれた教養ある労働者像は、「集会で議論し、学習サークルを結成し、酒飲みではなく、約束を守り、自己統御し、思慮深い」、「リスペクタブル（skötsam）」[30]な労働者だった。さらに、この労働者像の形成過程は、石原によれば、労働運動がナショナルな文化を志向する過程でもあった。つまり、リスペクタブルな労働者を理想とするその教養概念は、国民の大多数を占める労働者階級から発し、スウェーデンの民主主義社会を支える市民、国民に不可欠なものとして広まったのである。

このように労働者階級から国民意識を伴う教養理念が発信された歴史、そしてその労働者によって支持された社会民主党の下で戦後につくられた社会システムが、スウェーデンにおける学校教育の総合制化改革の土台にある。このことは、高校改革に以下の二つの重要な特徴を与えている。

第一に、階級や文化の闘争のなかで民衆の側から立ち上がった教養概念は、実用的な職業専門教育と相反するものではないという点である。それは、職業専門性を体現する人々の生活や実用性に照らして、実際の労働生活のなかで職業専門性と調和的に共存するものであった。

そして第二に、教育は上流階級が支配的につくるものではなく、下層中間層や労働者の手でつくられうるものだったという点である。太田が明らかに

したように、民衆教育は、「『全体社会が知識伝達を通して民衆を統制する』メカニズムを、民衆自身が知識の再発見と再構築を実現することによって『民衆の側から全体社会に影響を及ぼす』メカニズムに転換しようとした」[31]教育だった。その教育が、公的な成人教育政策と対立するのではなく、相互に影響し合いながら共存しているのである。

このような、労働生活と結び付いた教養概念と自発的な教育活動の組織化の歴史は、高校での共通の教育課程の問題についてもスウェーデン独自の議論を支えていると言えよう。

(2) スウェーデンの後期中等教育改革について

日本で行われているスウェーデンの教育に関する研究の礎は、比較教育研究者の松崎巖と中嶋博によってつくられた。松崎は、古代ヴァイキングの時代から1970年代前半までの歴史を詳細に明らかにした[32]。特に1940年代以降の学校の総合制化に着目しており、高校についても具体的な教育課程の実際に踏み込んで検討を行っている[33]。ただし、その検討は1980年代前半までである。1980年代以後の改革過程に関しては中嶋による検討がある。しかしながら、高校改革については、概略的な流れと1991年の改革提案の紹介までに留まっている[34]。

---

(29) 石原俊時、前掲論文、1994年。石原俊時、前掲論文、1995年a。石原俊時、前掲論文、1995年b。太田美幸『生涯学習社会のポリティクス――スウェーデン成人教育の歴史と構造』新評論、2011年。

(30) 石原俊時、前掲論文、1995年b、132ページ。

(31) 太田美幸、前掲書、2011年、340ページ。

(32) 松崎巖『世界教育史体系14 北欧教育史』講談社、1976年。

(33) 松崎巖「総合制中等学校の完成へ（スエーデン）」山内太郎編著『教育学叢書第2巻 世界の教育改革』第一法規、1967年。松崎巖「スウェーデンにおける教育課程改革」岡津守彦編著『教育学叢書第9巻 教育課程』第一法規、1971年。松崎巖「実験社会のカリキュラム スウェーデン」木原健太郎編『現代教育講座第4巻 教育内容の現代化――学校では何をどう教えるべきか』第一法規、1975年。松崎巖「スウェーデンの後期中等教育改革――統合と課程再編成の実態について」『東京大学教育学部紀要』第24巻、1984年。

教育改革の国際比較のなかでは、生涯学習社会や、寛容な移民政策をとってきた社会における教育としてスウェーデンが取り上げられてきた。最近では、スウェーデンに加えてEUやロシアの教育政策にも詳しい比較教育研究者の澤野由紀子が、グローバルな視点から北欧諸国の教育改革の特徴を明らかにしている。そこでは、北欧諸国の後期中等教育が社会人としての自立への第一歩となるように改革されてきており、今もなお課題を抱えて改革議論が進められていることが記されている。社会学的な視点からは、1980年代後半までの制度的変化と生徒数の変化を一次資料から丁寧に整理する滝充の研究がある。

　ただし、これらの検討では、実現された制度の全体像に焦点が当てられる。つまり、1970年代以降のスウェーデンの高校教育におけるより具体的な教育課程はどのようなものであったのか、そしてそれはどのような議論を経てつくられてきたのかという改革過程は明らかにされていない。

　高校職業教育については、リカレント教育制度を検討するなかで高校職業教育について言及している伊藤正純の研究や、労使協約を重視するスウェーデン・モデルの形成と職業教育制度との関わりを明らかにした石原俊時の研究がある。

　高校の前段階である義務教育段階については、統一学校構想と補助学級改革を明らかにする是永かな子の研究や、「共生」に焦点を当てて教育課程を詳細に分析している戸野塚厚子の研究がある。また、後期中等教育をその一部に含む成人教育については、前述した太田美幸の研究がある。これらの研究で明らかにされている教育理念や教育改革のイデオロギーは高校教育にも相通じるものであり、本論文はこれらの成果から多くを学んでいる。

　スウェーデン国内の研究としては、初等教育における統一学校の社会実験が決定された1950年から、後期中等学校の高校が完全実施される1975年までの教育改革の過程を、教育学研究者であり自らも総合制化改革に携わったマルクルンド（Sixten Marklund）が6分冊にわたる研究で詳細に検討している。そこでは、単一型の学校体系をつくる一連の教育改革が、包括的な公教育のグランドデザインを描きながら抜本的に行われてきたことが示されて

いる。

マルクルンドは同書の冒頭で、「学校は社会の一部であり、そこから影響

---

(34) 中嶋博『学習社会スウェーデンの道標』近代文藝社、1994年。中嶋博「スクール・アーティキュレーションに関するT・フセーン教授の見解」『早稲田教育論集』第2巻第1号、1988年。その他、中嶋はレオン・バウチャーによるスウェーデンの教育の研究を翻訳している。バウチャー，L.著、中嶋博訳『スウェーデンの教育　伝統と革新』学文社、1985年。

(35) 伊藤正純「知識基盤社会に適応するスウェーデンの教育改革」大桃敏行・上杉孝實・井ノ口淳三編『教育改革の国際比較』ミネルヴァ書房、2007年。林寛平「社会統合か社会分離か――学力論議に揺れる政治と社会」佐藤学・澤野由紀子・北村友人編著『未来への学力と日本の教育（10）　揺れる世界の学力マップ』明石書店、2009年。

(36) 澤野由紀子「北欧の教育改革（1）――個性重視による学力保障」「北欧の教育改革（2）――自立を促す教育」坂野慎二・藤田晃之編『海外の教育改革』放送大学出版会、2015年。

(37) 滝充「スウェーデンの教育制度とその改革過程（その1）」『宮崎大学教育学部紀要　教育科学』第68号、1990年。滝充「スウェーデンにおける選抜・配分過程（その2）――大学進学を中心に」『宮崎大学教育学部紀要　教育科学』第78号、1995年。

(38) 伊藤正純「スウェーデンのリカレント教育――その狙いと離脱」『理想』658号、1996年。伊藤正純「完全雇用政策とリカレント型学習社会の形成――スウェーデンにみる経済と教育」桃山学院大学教育研究所『研究紀要』創刊号、1992年。伊藤正純「スウェーデンの職業教育覚書――学校教育・成人教育・企業内教育」桃山学院大学教育研究所『研究紀要』第2号、1993年。伊藤正純「スウェーデンの生涯学習」桃山学院大学教育研究所『研究紀要』第12号、2003年。

(39) 石原俊時「スウェーデン・モデルと職業教育」名古屋大学技術・職業教育学研究室『技術教育学の探究』第12号、2015年。

(40) 是永かな子『スウェーデンにおける統一学校構想と補助学級改革の研究』風間書房、2007年。

(41) 戸野塚厚子『スウェーデンの義務教育における「共生」のカリキュラム――"Samlevnad"の理念と展開』明石書店、2014年。

(42) 太田美幸、前掲書、2011年。

(43) Marklund, S., *Skolsverige1950–1975. Del.1, 1950 års reformbeslut*, Stockholm: Utbildningsförlag, 1980., Marklund, S., *Skolsverige1950–1975. Del.2, Försöksverksamheten*, Stockholm: Utbildningsförlag, 1982., Marklund, S., *Skolsverige1950–1975. Del.3, Från Visbykompromissen till SIA*, Stockholm: Utbildningsförlag, 1983., Marklund, S., *Skolsverige1950–1975. Del.4, Differentieringsfrågan*, Stockholm: Utbildningsförlag, 1985., Marklund, S., *Skolsverige1950–1975. Del.5, Läroplaner*, Stockholm: Utbildningsförlag, 1987., Marklund, S., *Skolsverige1950–1975. Del.6, Rullande reform*, Stockholm: Utbildningsförlag, 1989.

を受け、影響を与え返す」(44)と述べている。この言葉に見られるように、学校は社会のニーズに応えると同時に、新しい社会をつくり出し、変革していく手段と捉えられていた。教育改革を率いた社会民主党は、伝統的な階級社会を批判し、スウェーデンの社会を平等と相互理解に基づく「国民の家」にすることを目指していた。学校教育は、そのための重要な手段であり、総合制の高校もその一部だったのである。

ただし、1970年代以降の教育改革は、決して一枚岩で進められたものではなかった。イギリス人でありながらスウェーデンで長期間にわたって生活したレオン・バウチャー（Leon Boucher）は、政権の変化を踏まえながら、1960年代から1983年までの後期中等教育の改革議論を辿っている(45)。バウチャーは、1970年代以降の議論では、学校の統合を目指す合意が揺らいだと述べている。

それが如実に現れたのが、40数年間にわたって政権を担当してきた社会民主党が1976年に政権の座を降り、穏健統一党（Moderata samlingspartiet）を中心とするブルジョワ政権が誕生した時だった。教育改革の議論においては、このような政党間の対立に加えて、労働市場の団体、その他の関連団体が異なる立場から主張を行い、議論し、相互の主張の妥協点を探ってきたというのである。

もっとも、それは決して混乱の時期だったわけではなかった。1970年代後半から1980年代にかけては、学校教育の質的向上を目指す取り組みが盛んに行われた。また、スウェーデンにおける学校教育カリキュラムの特徴の変化を「カリキュラムコード」という概念を用いて整理したウルフ・P・ルンドグレン（Ulf P. Lundgren）を中心にカリキュラム研究が発展し、それらを土台にして次の改革に向けた議論が進められた(46)。

こうした動きは、中央当局や研究者や一部の研究校に限定された現象ではなく、様々な人々の関心を集めていた。教職員組合の発行する新聞や雑誌にも、しばしばカリキュラムや学校教育の改革に関わる記事が見られた。

ウプサラ大学のヘンリック・ロマーン（Henrik Román）は、1970年代から1990年代までの教育改革を率いた審議会の報告書や国会議案を分析し、

1976 年に設置された高校審議会の報告書には歴史的背景についての記述の割合が明らかに少ないことを指摘している⁽⁴⁷⁾。その理由をロマーンは、「それまでの高校が狙いとしていた統合のプロセスを、誤りと見なし反対していたためと考えられる。あるいは単純に、審議会が、当時の社会にある問題を歴史的なものと考えなかったためとも説明できる⁽⁴⁸⁾」と記している。ここからも、総合制化以降の高校教育議論において、それまでとは異なる理念が影響力をもつようになっていたことがうかがえる。

　ロマーンは、1971 年までの高校改革を「第 1 ステージ」、1970 年代以降の高校改革を「第 2 ステージ」と区別している。それは単一の高校が誕生したことを直接の根拠にしているが、そこには制度的差異のみならず、改革を率いるイデオロギーにも変化が見られるのである。

　1970 年代以降の教育改革の論調が変化したことは、学校と社会との関連に着目して中世以降の各時代の教育議論の特徴を明らかにしている教育史家グンナル・リカルドソン（Gunnar Richardson）も指摘している⁽⁴⁹⁾。リカルドソンによれば、1960 年代までの教育改革は中央集権的に単線型の学校制度の確立を目指していたが、この方向性は 1970 年代に変化し、1980 年代以降は各地域や学校現場に大きな裁量を与える方向性が明確になった。このような地方分権化と規制緩和が、この時代の教育論議の中心であったと彼は指摘している。そしてそれは、学校の運営に関わる教育行政の変化であると同時

---

(44)　Marklund, S., *Ibid.*, 1987, s. 12.
(45)　Boucher, L., Reform of the Swedish post-compulsory schools 1960–1983, *Compare*, 13 (2), 1983, 129–143.
(46)　Lundgren, U. P., *Att organisera omvärden: En introduktion till läroplansteori*, Stockholm: LiberFörlag, 1979.
(47)　Román, H., Förr och sedan nu och då: Om gymnasiereformers förankring i dåtid och framtid i E. Forsberg (red.). *Skolan och tusenårsskiftet. En vänbok till Ulf P. Lundgren*, Uppsala: Studies in Educational Policy and Educational Philosophy (STEP), Uppsala Universitet, 2003.
(48)　Ibid., s. 224.
(49)　Richardson, R., *Svensk utbildningshistoria: Skola och samhälle förr och nu*（8:e upplagan）, Lund: Studentlitteratur, 2010.

に、教育改革の手続きの変化でもあった。

　スウェーデンでは、中央省庁によって必要時に設置される特別審議会が改革のための議論を先導する。その審議会には多様な関連団体の代表や専門家が参加し、多くの場合、実験活動を行う研究プロジェクトを実施し、分厚い研究報告書をまとめて提案を行っていた。この大規模な審議会が1980年代には小規模なものになり、審議会の活動に代わって各地域での実験活動が改革の中心的な役割を担うようになったのである。

　本研究が対象とする高校改革はこの過渡期にあたり、その変化の最前線にあった。リカルドソンによれば、高校教育は義務ではないため、義務教育機関よりも生徒の関心と各地域の労働市場の状況を強く反映する必要があり、これらと連動して改革を進めるためにも学校現場での実験が重要だった。彼はこのような当時の高校が「発展する学校」の異名をもっていたと言い、その特徴を継続的な変化と改革戦略の自覚化に置いている。(50)

　リカルドソンの検討では、継続的な変化の内容や各地の状況をどう反映したのかについての詳細は明らかにされていないが、これらの特徴は、改革議論をより現場に近いところから具体的な教育課程とともに把握する必要性を提示している。

　改革された内容や論点により具体的に迫るのは、その改革に携わってきたヴァッリン（Erik Wallin）である。回顧録的にではあるが、ヴァッリンは高校総合制化改革における論点を歴史的に追っている。(51)ここからは、高校改革において課程分岐制度が大きな議論となっていたことが読み取れる。そして彼は、1970年代から1990年代の改革議論においては、「選択の自由（valfrihet）」が大きな論点だったと指摘している。

　ただし、ヴァッリンの検討は、改革を推進した側の視点で実現した制度の変化を追うものである。実際に一つの改革が実現する背景には、多様な議論が存在している。

　中央集権的に総合制化改革の準備が進められた1960年代にも、すでに理念的な対立は存在していた。スウェーデンの教育社会学者であるリスベス・ルンダール（Lisbeth Lundahl）は、改革を主導した社会民主党の側から語

られることの多い20世紀の教育改革を、野党である右派政党の視点から検討し、左派と右派の政党の対立の構図を描いている[52]。また、高校改革については、1945年から1990年までの教育議論を対象として、労働市場の中央組織であるスウェーデン経営者団体連盟（SAF）とスウェーデン労働組合総連合（LO）との理念や提案の対立を明らかにしている[53]。

　当時のスウェーデンにおける教育改革の特徴として、これら労働市場の中央組織が強い影響力をもっていた。そのため、ルンダールが明らかにしている教育議論は、スウェーデンの教育の背景を理解するうえで重要となる。リカルドソンが指摘したように、高校改革は労働市場の変化の影響を強く受けてきたが、労働市場の状況を教育にどのように反映させるかについては、雇用者と労働者との間で異なる主張があったのである。

　学校教育に関してルンダールは、産業や経済の発展を第一義とするSAFと、労働者の権利や平等を重視するLOのスタンスの違いが、専門分化の時期や、普通教育と職業教育とのバランスについての意見の相違として現れたことを明らかにしている。さらにルンダールは、SAFやLO内部での対立や、時代によるイデオロギーの変化も検討している。この研究から、スウェーデンの教育改革の背景には、左派と右派という政党の違い、および労働者組織と雇用者組織という労働市場の立場の違いから来るイデオロギーの対立があったことが分かる。

　以上のように、スウェーデンの1970年代以降の高校改革を扱う研究では、マクロな視点から当時の教育改革の特徴や論点を明らかにするものが多い。そこからは、改革の特徴や論点、そしてそれらの歴史的意義を学ぶことがで

---

(50) *Ibid.*, s. 188.
(51) Wallin, E., *Gymnasieskola i stöpsleven—då, nu, alltid: Perspektiv på en skolform*, Stockholm: Skolverket, 1997.
(52) Lundahl, L., *I moralens, produktionens och det sunda förnuftets namn. Det svenska högerpartiets skolpolitik 1904–1962*, Lund: Pedagogiska institutionen, Lunds universitet, 1989.
(53) Lundahl, L., *Efter svensk modell: LO, SAF, och utbildningspolitiken 1944–90*, Stockholm: Boréa, 1997.

きるが、その特徴や論点が具体的にどのような教育課程の構想を伴っていたのかは明らかではない。そこでの議論をより深く理解するには、その改革過程で提案された教育課程の構想について、詳細に踏み込んで検討する必要がある。

3 本研究の課題と方法

(1) 課題

これまでの整理を踏まえて本書では、スウェーデンの高校教育課程について、以下の三つの検討課題を設定する。

- 高校段階における専門分化は、どのように研究・議論され、実際に行われてきたのか。
- 高校教育としてすべての生徒に保障される共通性は、どのように研究・議論され、実現されてきたのか。
- ナショナル・カリキュラムであるレーロプランは、どのように研究・議論され、実際に改訂されてきたのか。

第一の課題は、特に職業教育に関わって議論されてきた。教育内容については、職業教育とは何で、誰が学ぶべきものなのかという問題であった。そして履修に関しては、一人ひとりの高校生にはどのように専門化する機会が設定されるのかという、教育課程上の必修と選択をめぐる問題でもあった。また、学校制度としては、高校の学科やさらなる専門分化としてどのような分野を設置するのかという議論でもあった。こうした論点が改革過程においてどのように議論され、現実の制度が形づくられてきたのだろうか。

第二の課題は、異なる専門性をもつ多様な学科や専攻が、「すべての者のための一つの学校」の一部として認められる、高校としての共通性はどこに

図表序-4　公教育の諸教育機関のレーロプラン

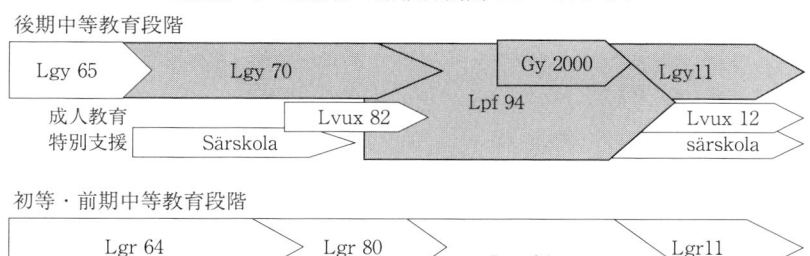

後期中等教育段階

| Lgy 65 | Lgy 70 | | Gy 2000 | Lgy11 |

成人教育
特別支援

| | Lvux 82 | Lpf 94 | | Lvux 12 |
| | Särskola | | | särskola |

初等・前期中等教育段階

| Lgr 64 | Lgr 80 | Lpo 94 | Lgr11 |

サーメ
特別支援　Same, särskola　　　　　　　Same, särskola

就学前教育段階

　　　　　　　　　　Lpfö 98

出典：各種レーロプランを基に著者作成。網掛け部分が本書で取り上げるレーロプラン。

あるのだろうかということである。言い換えれば、高校教育と高校教育でないものの違いは何なのかということである。

　そして、これら二つの課題が具体的にどのように現実に現れているのかについて考えるのが第三の課題である。具体的には、1971年、1994年、2011年のレーロプランの改訂によって何がどう変化し、それぞれの特徴はどのようなものかを検討していく。

　これら三つの課題は、相互に深く関わりあっている。そのため、本書では歴史の流れに沿って高校教育改革を辿り、そのなかに埋め込まれている各課題の答えを探していきたい。そして最後に、それぞれの課題に沿って改めてまとめる。

　これらの課題に答えることを通して、スウェーデンの高校に見られる学科間の平等な多様性がどのようにつくられてきたのかを明らかにすることができるだろう。そしてそれは、スウェーデンにおいて高校教育がどのような目的でつくられ、実際にどのような役割を担ってきたのかという、高校の意義を考察することにもなる。

(2) 方法

　本研究では、制度化され計画されたカリキュラムを中心に検討するが、それは決して、改革の結果として実現した制度のみを研究対象とすることではない。先行研究でも明らかにされていたように、改革は多様な主張をベースとした妥協の産物である。そのため本研究では、改革過程で提起され、現実には実現しなかった制度や教育課程の構想を具体的に検討する。誰の、どのような主張から、どのようにして構想が練られ、どのような議論を経て、何が現実に実施されたのか。その過程を辿ることで、実現したものが担う重層的なメッセージと可能性を探りたい。

　20世紀のスウェーデンにおける教育改革は、必要に応じて中央省庁によって設置される特別委員会の研究・議論をもとに進められてきた。委員会の報告に対しては、国会での審議に先立ってその法案に対する関係団体からの意見を聞く「レミス（remiss）」という手続きが取られる。この制度では、利害関係のある団体や行政機関から意見状が提出され、それを踏まえて国会で審議される。このように、制度的に多様な意見を反映させる機会を設けて政策決定における合意形成が行われてきた。

　この過程で出された報告書や関連研究論文、レミス、国会への議案や官公庁が出している関連報告書が、本研究において検討に用いた資料の多くである。また、2005年から筆者が継続的に足を運んで調査したスウェーデンの高校の姿も含まれている。

4　本書の構成

　上述した三つの課題を明らかにするために、以下のように章を構成する。
　第1章では、1970年代に実現した高校誕生時の理念と教育課程の特徴、およびその実際の姿を明らかにする。総合の原則が打ち出されたが、現実には、以前より存在していた多様な教育機関の教育課程がそのまま多数の学科

になっていた。1980年代以降に行われる議論の出発点となった改革の成果と課題を確認したい。

　第2章は、専門分化をめぐる議論に焦点を当てて、1970〜1980年代に行われた改革論議を検討する。特に、対立する主張を行った1976年高校審議会とスウェーデン経営者団体連盟（SAF）との議論を取り上げる。それは、いつ、どのように専門分野や進路を選択するかについての対立だった。つまり、選択時期を遅くするか早くするか、また、選択の後に変更可能にするかしないかといったことである。その構想の違いは、分化の時期や共通履修教科の位置づけの違いに留まらず、社会における高校の役割や人生設計モデルの問題ともなった。

　この議論を踏まえて、1980年代後半には全国各地で多様な実験プロジェクトが行われた。そのなかで、1990年代の教育課程改革に実質的に大きな影響を与えたのは職業教育に関するものだった。よって第3章では、職業教育検討委員会（ÖGY）の議論と実験を検討する。ÖGYは職業教育の質向上を目指して、それまで進学系より短い2年間だった職業系学科の在学年数を進学系と同じく3年間にすることと、高校在学中の職場実習の充実とを提案した。第3章では、その提案と実験での具体的な教育課程を明らかにする。

　第4章では、1990年代前半の改革の理念、新しい専門分化の構造、教育課程の特質を明らかにし、その実際の姿と評価を検討する。改革によって学科の種類が減って高校の構造が単純化され、入学・卒業要件の共通化や共通の履修教科の拡大によって学科間の差異が縮小された。

　制度的には、1970年代に理想を掲げながら実現できなかった平等な高校がつくられたと言える。ただし、学科ごとの教育実践の調査・報告においては、各学科のもつ価値観や教員文化、課題の違いが明瞭に示され、それぞれの価値を認めたうえで高校としての共通性をどう設定していくか、また改革によって拡大した共通性が妥当なのかどうかが改めて問われた。

　第5章では、1990年代の改革で教育実践を統制する役割を担うことになった「目標」と、次第に存在感を増すようになった「評価」について検討する。共通履修科目の具体例として、「数学」の入門科目について、レーロプ

ランに記された目標と、それに沿ってつくられているナショナル・テストを検討することで、共通に求められている能力を明らかにする。

　第6章では、1990年代の改革で変化が大きかっただけではなく、引き続き変化している職業教育について、1990年代以降の議論と改革を検討する。特に、若年失業率の高さを背景に、その対策として注目された職場実習の長期化や徒弟制の教育に焦点をあてる。2000年代には、諸外国の例に学びながら実習長期化の実験が複数回実施され、2011年の改革につながった。

　第7章では、2000年代に入って生じた改革議論と、それを踏まえて2011年に実施された教育課程改革を検討する。高校における共通性をさらに拡大する方向で改革が進められようとしていたが、2006年の政権交代によって改革直前に廃案にされ、異なる方向性での改革が早々と実施された。そうして実施された2011年の改革では、各学科の専門性が強化され、履修科目や入学・卒業要件について学科間の差異が拡大した。こうした教育課程の変化がどのような影響を及ぼしたのかを明らかにする。

　以上をまとめて、終章では三つの検討課題について結論を整理し、考察を行う。

第1章

「すべての者のための一つの高校」の誕生

1940年　学校審議会（1940års skolutredning）
1946年　学校委員会（1946 års skolkommission）
1962年　9年制基礎学校（grundskolan）発足（1971年まで導入期間）
1960年　ユムナーシウム審議会（1960års gymnasieutredningen）（〜1963）
　　　　SOU 1963:42『新しいユムナーシウム』
1961年　実科学校審議会（facksloleutredning）（〜1963）
　　　　SOU 1963:50『実科学校』
1963年　職業教育準備委員会（yrkesutbildningsberedning）（〜1970）
　　　　SOU 1966:3『職業教育』
1964年　3年制5課程のユムナーシウムに2年制3課程の実科学校を併設
1970年　SIA審議会（utredning）（〜1974）
1971年　高校（gymnasieskolan）発足
　　　　高校レーロプラン（Lgy70）

どの学校にもスタッフが集えるコーヒールームがある（Södra Latin gymnasium）

1971年に誕生した総合制の高校は、多様な学校種を包括し、義務教育に接続する唯一の学校となった。その理念と現実はどのようなものだったのだろうか。本章では、発足当時の高校について検討し、以後の高校改革の出発点を明らかにしていく。

1 総合制の理念と現実

(1) 分岐型学校制度の否定

1960年代に統合されていたユムナーシウムと実科学校に、1971年、多種多様な職業学校が統一されて、10代後半のすべての若者を対象とする総合制の高校（gymnasieskolan）が誕生した。「すべての者のための一つの高校」と銘打たれたこの新しい学校は、単線型の学校制度に向けた大きな一歩となった。

特に、後期中等教育においては、単一の教育機関にすることでかねてより存在してきた大学進学準備教育と職業準備教育との分離や格差を縮小することが期待されていた。そして、そのような高校の卒業生達が社会を構成していくと、将来的には社会格差がなくなっていくと考えられていた。教育改革は、平等社会の実現のために重要だと認識されていたのである。

このほか高校を総合制にする改革には、教員や設備などの教育資源を異なる学科間で共同利用することで有効活用し、質の高い教育を行うという教育的理由や、学校組織を経済的に運営するという経済的理由が挙げられた。1960年代初頭には後期中等教育履修者の割合は16歳人口の約30％だったが、初等教育の総合制化を経て、1968年までにその割合は約75％に上っており、急激に増加した生徒数に対応するために教育の効率化や質の向上が喫緊の課題だったのである。[1]

では、これらを根拠に行われた総合制化とは具体的にはどのようなものだ

ったのだろう。高校全体の構造としては、22種類の「ライン」および多数の「特別コース」が設定された。ユムナーシウムを母体に3・4年制の5ライン、実科学校を母体に2年制の社会、経済、福祉の3ライン、職業学校を母体に2年制の14ラインがつくられた（**図表1-1参照**）。多くのラインには、在学途中でさらに専門分化するために複数の専修（gren）が設定された。専修ほどには独自の履修科目が多くないが、数時間の差異があるバリエーション（variant）もあった。また、これらのラインに加えて、2年未満の短期間であったり、対象人数が少なかったり、より高度な内容の職業学校の課程が「特別コース」として多数設定された。入学時に生徒は一つのラインを選び、在学中、さらに専修やバリエーションを選んだ。

このように高校は、1960年代以前に存在していた複数の教育機関を、ラインや特別コースを設けることで単一の学校制度に包括した。それは、大学進学準備を行う教育のみに限定的に用いられてきた「後期中等教育」という言葉の意味を、職業教育や実際的な教育も含むように拡大することでもあった。

教育学者として改革の議論に関わったマルクルンドは、これによって後期中等段階の「教育を選ぶことが、以前のように分離を導いたり最終的であったりしない」[2]ことを強調した。つまり高校は、それまでの分岐型の教育体系を理論的にも明瞭に否定し、生徒の進路を固定化しないことを考慮してつくられたのである。

1970年代には生涯学習が主張され、成人教育機関が整備されつつあった。高校教育と同じレベルの教育は成人教育としても行われており、高校段階での選択が絶対的な進路選択にならない制度が、高校の外においても整えられつつあった。

---

(1) The National Swedish Board of Education., *The integrated upper secondary school: Three schools in one*, Stockholm: Utbildningsförlaget, 1971, pp. 2-5.
(2) Marklund, S., *Op. cit.*, 1978, p. 200.

図表 1-1　1971 年に誕生した高校におけるライン・専修

年数	ライン	専修
2年制	被服工業	婦人服／紳士服
	建設工業	暖房・衛生施設技術者／塗装技術者／建築材料工業／基盤技術者／道路／鉱山コンクリート技術／建築木工／工事
	流通事務	流通／事務
	2年経済	
	電子工学	電子工学技術者／通信機器補修技術者／制御装置技術者／通信装置技術者／事務機器補修技術者
	運輸工業	自動車技術者／機械技術者／補修技術者／航空機技術者
	土木	
	消費	消費生活／テキスタイル／食堂・レストラン
	食品工業	食堂・レストラン／食品生産
	音楽	
	装置技術	建築材料技術／科学技術／食品加工／メタル工業／紙・パルプ工業
	林業	
	社会	
	2年工業	機械／建築／電子工学／科学技術
	木工業	
	加工技術	加工技術者／板金・鋳造技術者／鋳造
	福祉	健康と医学／健康と医学と老人福祉／精神福祉／児童青年福祉
3年制	3年経済	
	人文	一般／古典
	自然科学	
	社会科学	
4年制	4年工業	機械／建築／電子工学／科学技術
年数多様	特別コース	

出典：Skolöverstyrelsen, *Att välja till gymnasieskolan*. Stockholm: Skolöverstyrelsen, 1976. をもとに筆者が作成。

(2) 総合制の原則

　それぞれに異なる伝統と専門分野をもつ多数のラインを、単一の高校であらしめる特徴として、マルクルンドは6点の「総合の原則」を指摘した。[3]

　第一に、複数のラインを「同じ屋根の下」にある一つの学校組織のなかに設置し、一つの教師集団のもとで運営することである。そうすることで、異なるライン間での教師・生徒の交流やリソースの共有が行われることを期待したのである。もっともこれは、すべての学校に全種類のラインを設置しようとする原則ではなかった。各学校には二つ以上のラインを設置し、高校の学区内にできるだけ多種類のラインを設置することによって、生徒にはどのラインも選べるようにしようという方針であった。

　第二の原則は、各ラインの教育課程に、アカデミックな教科と職業的な教科を含み、かつ理論的な教科と実技的な教科の両方を含むことである。これは、第一の原則が高校の組織的な側面についての指摘であるのとは対照的に、各ラインの教育課程に踏み込んで高校としての共通性を打ち出す原則だったと言える。

　その他、第三の原則は教育課程の実施に際して、共通する科目は可能な限り複数のラインで共同に授業をすること、第四と第五は教育目標に関わり、進学系ラインも職業系ラインも職業生活の準備を行うこと、およびすべてのラインが一般教育を含むことが述べられている。

　そして最後に、第六の原則として、高校在学中において、職業系から進学系に、またはその逆に、生徒がラインを変更できるようにすることだった。この最後の原則は、各々のラインには明確に進路と専門分野についての差異を残しながら、履修システムに柔軟性をもたせることでライン間の格差を縮小しようとしている。

　このように、総合の原則には、物理的条件、教育課程編成原理、履修システム、教育目標という多様な側面からのアプローチが含まれていた。ただし、

---

[3] Marklund, S., *Op. cit.*, 1978, pp. 205–206.

ここでは、これらの原則が多様なラインの専門性を保持し、生徒の専門分化を前提としていることを確認しておきたい。例えば、すべてのラインに一般教科が含まれるという原則についても、各ラインにおいて専門教科は優先されていた。また、ライン変更の可能性を残すことで分離を回避することが目指されたが、その前提として、各ラインの独立性は保たれていたのである。

(3) 専門分化の方法

総合の原則の前提にある専門分化については、マルクルンドは3点の原則を指摘している。[(4)]

第一の原則は、高校教育を義務教育と一貫して標準12年間の初等・中等教育として捉え、この12年間において、生徒が段階的に多様な分野に分化していくように計画することだった。これは、高校が基礎学校に接続することを端的に表している。

この原則の背景として、1962年に実現した基礎学校においては、7年生に週5時間、8年生に週7時間の選択教科の時間があり、9年生では生徒は9種類の教育課程から一つを選択した。その9種類とは、「一般（allmän）」、[(5)]「工業（teknisk）」、「商業（merkantil）」、「社会経済（social-ekonomisk）」という四つのセクターにそれぞれ理論的なラインと実用的なラインが置かれ、その八つに加えて「ユムナーシウム準備（gymnasieförberedande）ライン」を加えた9ラインだった。

しかし、この9年生でのライン分岐は、基礎学校の発足後に厳しい批判にさらされた。例えば、スウェーデンに多い小規模校では、九つもの多様なラインを設置することが困難である点や、理論的なラインと実用的なラインの教育課程に大きな差異があり、実用的なラインからは進学が困難になってしまう点が批判された。そして、そのようななかでライン選択を生徒の自由に委ねたために、理論的なラインを中心とする特定のラインに生徒が集中したことも否定的に見られた。

このような批判から、基礎学校におけるライン分岐は1969年のレーロプ

ラン改訂において撤廃され、基礎学校は課程分岐のない完全な単線型の学校になった。そして、基礎学校の教育内容は、主に理論的なラインの内容を踏襲することになった。これを受けて高校は、実用的なラインの性格や教育内容を引き継ぐとともに、生徒が初めて進路分化の選択を行う場として誕生したのである。こうした経緯を積極的に受け止めて高校の教育課程を編成しようとするのが、基礎学校と合わせた12年間の一貫性を重視するというこの第一の原則だった。

 第二の原則は、高校入学時は多数の生徒が共通に履修する教科を多くし、徐々にその割合を減らして選択教科やそれぞれの専門教科を増加させるという原則であった。この原則の具体化にあたっては、「ブロック化」と呼ばれる方略が取られた。[6]

 ブロック化とは、既存の複数の課程に共通する教育内容をまとめて「ブロック」をつくり、そのブロックを組み合わせて教育課程を編成するものである。基礎段階には多くの課程に共通する大きなブロックを置いて、専門化するにつれて小さなブロックを置いていく。「大」から「小」へと複数のブロックを積み上げ、段階的に専門化していくというものである。これによって生徒達は、入学時に大きな範囲の分野を選択し、段階的に狭い分野へと専門

図表1-2　ブロック教育のイメージ図

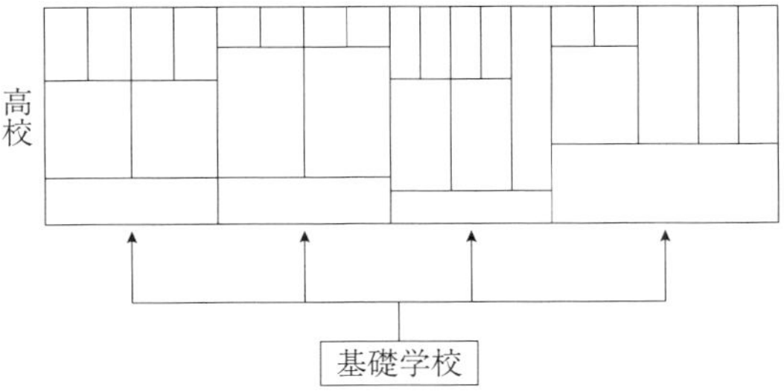

出典：SOU1966: 3, s.154.

---

(4) Marklund, S., *Op. cit.*, 1978, p. 205.
(5) 松崎巌、前掲論文、1971年、193～194ページ。
(6) The National Swedish Board of Education, *Op. cit.*, 1971, p. 12.

化することができると考えられた。

　このブロック化は、1963年に国の特別委員会として設置され、多様な職業基礎教育・訓練を高校教育として統合する方策を議論した職業教育準備委員会（yrkesutbildningsberedning）が打ち出したものだった[7]。素朴ではあるが、当時、別々に展開していた職業教育には教育課程に関する共通の規定がなかったことを鑑みれば、包括的な教育課程の構造のモデルとして大切な提起であった。既存の教育内容を活かしながら職業教育に広い共通の基礎を与えて、徐々に専門分化を導いていくという教育課程編成の共通原則を示したのである。

　そして第三の原則は、ラインや専門分野選択の際には、できる限り生徒と保護者による自由な選択を尊重することであった。これによって、社会背景や性別による分野選択の偏りがなくなると考えられたのであった。

　社会背景などによる選択の偏りを縮小するために個人の自由な選択を強調している点は、上述の基礎学校における教科やラインの選択においても同様だった。そこでは、学校は成績などに基づく助言を与えるが、選択の強制はできないことが原則とされ、能力による分化や選抜ではなく、個人の自由な選択が強調されたのである。

　高校のライン選択も、このように生徒個人の関心、希望の職業、学習内容、学校の立地などといった多様な規準を各個人がそれぞれの方法で考慮し、両親や教師などと相談して選択することが推奨された。そして、個人の自由な選択を支援するために、情報提供や進路相談の充実が図られた[8]。

　この原則に則り、高校入学時には試験や選抜は行われなかった。入学要件として、3・4年ラインには基礎学校の英語上級クラス修了、2・4年制工業ラインと自然科学ラインには数学での上級クラ

プログラムごとの男女比のグラフを提示して是正を促している（1979年学校局発行の高校選択ガイドブックより）

ス修了が必要とされたほか、福祉など一部の職業系ラインでは実務経験や年齢制限があったが、それらを満たせば生徒の希望が重視された。[9]

　ここからは、選抜や能力主義を否定するといった姿勢が読み取れる。つまり、高校のライン分岐は、個人の能力や適性を測定して、それに応じて進路を分化させるものではなかった。あくまでも、社会に存在する専門分野の種類を提示し、各生徒が自分の将来を考えながら自らの受ける専門教育を選択するためのものだったのである。

2　高校のレーロプラン Lgy70

(1)　全体の構成とライン間の差異

　以上の理念や原則に沿って、全国共通の教育課程に関する規定である「高校のレーロプラン（Läroplan för gymnasieskolan: Lgy70）」がつくられた。Lgy70は3部から成っており、第1部では、高校教育の全体的な価値観などを記す「総則」、各学年、各教科の週当たり授業時間数を定めるラインや専修別の「タイムプラン」、そして各教科の目標と内容を定める「コースプラン」があった。

　第2部と第3部は多くの冊子に分かれていた。第2部では、主な教科およびいくつかのラインについて、いつ何をどのように教えるかが細かく定められ、第3部では授業計画の参考例が記された。これらによって、各学校での教育実践は厳密に規定されたのである。

---

(7)　Yrkesutbildningsberedningen, *Yrkesutbildningen I*（*SOU 1966:3*）, 1966.
(8)　Prop. 1971:34 Kungl.Maj:ts proposition om studie- och yrkesorientering i grundskola och gymnasieskola., Prop. 81/82:15 Om studie- och yrkesorientering i grundskola och gymnasieskola m.m.
(9)　Skolöverstyrelsen, *Att välja studieväg: Till läsåret 76/77*, Stockholm: Skolöverstyrelsen, 1975, s. 12.

とはいえ、こうした詳細な規定は、決してすべての生徒に画一的な授業を行うことを企図してつくられたものではなかった。レーロプランの役割は、高校教育の目的を実現するための手助けをすることであり、定められた内容のなかで、多様な学習の計画や実践をする余地があることが明記されている。さらにレーロプランは、そのような授業内容の適切化が継続的に行われることを求めている。

そこでの高校教育の目的として、「総則」では、「子どもや若者に対する公教育は、生徒に知識を与え、能力を育むことを目的とし、家庭と協力して、調和のとれた人間、可能性と責任感をもつ市民の成長を支える」[10]と冒頭に掲げたうえで、義務教育と同じく、任意で受ける高校教育も公教育の重要な一部であると記している。

これを念頭に置いて、Lgy70では教育の原則として次のような方向性が示されている。すなわち、高校教育は、「生徒中心」に、「未来を見据えて」変化する現実社会に積極的に関わりながら、「家庭－学校－社会」の連携を取って、それぞれの生徒が最大限に、個人として成長し、同時に市民としても成長できるよう、必要に応じて教育課程や授業を個別化するといったことである。在学中を通して、各生徒の進路選択をサポートすることも重要である。このように生徒の多様性が重視されていると同時に、大切な社会的価値観として、民主主義、男女平等、協調といったことが強調されている。

以上のような「教育目標と原則」を掲げたうえで、タイムプランでは、ラインごとに各学年および各教科の週当たり授業時間数が規定されている。2年制の「電子工学ライン（El-teknisk linje）」（**図表1-3参照**）と、3年制の「自然科学ライン（Naturvetenskaplig linje）」（**図表1-4参照**）を例に挙げて、その特徴を見ておこう。

電子工学ラインでは、週38時間中70〜80％が専門教育であり、それが「電子通信工学（El-teleteknik）」という一つの教科でまとめられている。

このラインは、第1学年後期から「電子工学技術者（elektriker）」「通信機器補修技術者（telereparatörer）」「制御装置技術者（styr- och reglermekaniker）」「事務機器補修技術者（kontorsmaskinreparatörer）」「通信装置

図表1-3 Lgy70 2年制の電子工学ライン（El-teknisk linje）タイムプラン

教科	一週間の授業時間数 （1授業時間＝40分）				
	1年			2年	
	前期	後期		（前・後期）	
		Ei, Tl Sr, Km	Tm	Ei, Tl Sr, Km	Tm
スウェーデン語	4	4	4	—	—
労働生活入門	1	1	1	1	1
電子通信工学	30–27	30–27	30–27	35–32	35–32
内　実務技術	19–16	19–16	23–20	25–22	30–27
職業理論	11	11	7	10	5
体育	2	2	2	2	2
学習計画	1	1	1	—	—
英語／語学／宗教／心理学／社会／消費／数学／芸術（1教科選択）	3以下	3以下	3以下	3以下	3以下
合計	38	38	38	38	38

注：1年後期から、次の五つの専修に分かれる。
　　Ei＝電子工学技術者専修、Tl＝通信機器補修技術者専修、Sr＝制御装置技術者専修
　　Km＝通信装置技術者専修、Tm＝事務機器補修技術者専修
出典：Lgy70 timplaner, Tvåårig el-teknisk linje より作成。

技術者（telemontörer）」という五つの専修に分かれるが、その違いは「電子通信工学」の教科内容の違いであり、タイムプラン上では明らかではない。辛うじて、「電子通信工学」内の「実務技術（arbetsteknik）」と「職業理論（fackteori）」との時間配分に差があるに留まる。ただし、レーロプラン第2部の電子工学ライン用の別冊には、専修ごとに異なる「電子通信工学」の教科内容が詳しく規定されている。[11]

---

[10]　Skolöverstyrelsen, *Läroplan för gymnasieskolan（Lgy70）, allmän del（del I）mål och riktninger*, 1970, s. 10.

図表1-4　Lgy70 3年制の自然科学ライン（Naturvetenskaplig linje）タイムプラン

教科	一週間の授業時間数（1授業時間＝40分）				
	1年	2年	3年		a)
スウェーデン語	3	3	3.5	1	1.5
英語	3	3	3	0.5	
第2・第3外国語	3/4	3	3/0		
歴史	—	—	6/4	0.5	
宗教	—	—	2.5/2	0.5/0	
哲学	—	—	2/0		1.5/1
心理学	—	—	0/2	0.5	
社会	3	2.5	—		
数学	6	5.5	4	1	
物理*	3.5	4	3	0.5	
化学*	3.5	3.5			2
生物*	—	2	3	0.5	
芸術・音楽史	—	2/0	—		
選択教科**		0/2	0/6		0/0.5
絵画／音楽（選択）	2	—	—		
体育	2	2.5	3/2.5		
学習計画	1	1	1		
合計	30	32	34		5

a) 第3学年における自学用時間

*これらの教科において、以下の時間数は17人以下のクラスまたはグループで実験室において学習する。物理（1年週0.5時間、2年週1時間、3年週0.5時間）化学（2年週0.5時間、3年週1時間）選択教科（2年週0.5時間、3年週2.5時間）

**選択教科は以下の中から選択。パソコン／エネルギー・測定技術／健康学／環境保護技術。また、2年では芸術・音楽史を、3年では第2・第3外国語、歴史（週2時間）宗教（週0.5時間）、体育（週0.5時間）を、通常の授業時間数ではなく選択教科の時間数として扱うことができる。選択教科として設置する選択肢の数は、下表に定める。

2年生徒数	標準タイムプラン・選択教科におけるクラス数
8～24	1
25～48	2
49～72	3
73人以上	4

出典：Lgy70 timplaner, Treårig naturvetenskaplig linje を筆者が訳出。

電子工学ラインのタイムプランの大部分が「電子通信工学」という一つの専門教科で占められるのに対して、3年制の自然科学ラインでは多様な教科が細かく編成されている。自然科学ラインは専修に分かれていないが、第3学年には選択教科が多く設定されており、教育課程は生徒ごとに個別化されている。そして、その選択教科は、自然科学を中心にしながらも歴史、哲学、宗教などの人文・社会科学も含んでおり、広範な分野の学習が行われていたことが分かる。このように、教育課程はラインによって大きく異なり、入学から卒業までの全体が一連のものとして構想されていたのであった。

(2)　共通履修教科の設定——一般教育の必要性

　例に見た電子工学ラインと自然科学ラインの両方に、そしてその他すべてのラインにも、共通して「スウェーデン語」と「体育」の2教科が必修教科として設定され、週1時間の「学習計画」が設けられている。また、電子工学ラインにある「労働生活入門」と、「英語」「数学」などの一般教育の1教科選択は、すべての職業系ラインに共通して設定されていた。これは、すべてのラインが一般教育を含むという総合の原則に基づくものであった。
　このように、職業系ラインの教育課程の10〜20％を一般教科が占めていた。1960年代以前には、多くの職業学校では一般教育がほとんど行われていなかったため、こうした教科の設定は革新的なことであった。
　職業系ラインにも一般教育が必要な理由としては、特定の職業のみに焦点化した教育が「急速に変化する産業社会の要求に見合わない」[12]ためと説明された。これからの産業社会では変化に対応する柔軟性と共通の基盤が必要であり、そのために一般教育を学ぶ必要があるというのである。つまりここでは、職業系ラインにおける一般教育はあくまでも将来の職業生活を支えるものと位置づけられている。

---

(11) Skolöverstyrelsen, *Läroplan för gymnasieskolan（Lgy70), Supplement（del II) 36. 2åriga El-teleteknisk linje*, 1970, s. 17-19, s. 36-37, s. 43-44, s. 78.

(12) The National Swedish Board of Education, *Op. cit.*, 1971, p. 12.

改革前の審議会文書においても、一般教育を導入しても職業系ラインの第一の目的は「直接職業労働へつながる教育を提供すること」にあると明記されていた。そのため、共通履修教科についても、ラインによってその学習量や到達レベルは異なっていた。

　例えば、スウェーデン語は、電子工学ラインでは第1学年で週4時間学ぶのみであったが、自然科学ラインでは3年間にわたって毎年週3時間以上学ぶとされていた。また、コースプランには「生徒に語学と文学の広い知識を与え、語学を使う能力を育てる」という共通の目的が示されていたが、具体的な授業計画の例には、3・4年制の進学系、2年制の社会・経済・工業ライン、その他2年制ラインという3種類が明瞭に分けられて、それぞれに教育内容と授業計画が示された。つまり、同じ「スウェーデン語」と呼ばれる教科であっても、ラインによって授業時間数や教育内容や到達目標が異なったのである。

　特に2年制の職業系ラインには、「たいていの生徒が直接労働生活に移行するため、現実のスキルを強調してスウェーデン語の授業を行うこと」とあり、各ラインの性格に応じた授業を行うことが意図されていた。

　このように、同じ教科名であってもラインによってその内実は異なり、ライン間での互換性は低かった。つまり、途中でラインや専修を変更した時に、それまでに履修した教科の学習を読み替えできる範囲は限定的なものだった。教育課程は、入学から卒業までの全体が一連のものとして構想されており、全体を履修することが前提とされていたのである。

　また、共通履修教科とはいえ、あくまでも各ラインの専門性が第一であった。つまり、共通教科が高校教育のアイデンティティになっていたり、全員に進学の機会を保障していたりするわけではなかった。例えば、大学進学については、2年制社会ラインで行われているレベルの「スウェーデン語」と「英語」を修了さえすれば、高校のどのラインを修了しても、たとえ2年制職業系ラインであっても、入学の基礎資格が得られた。しかし、現実には基礎資格に加えて大学の学部ごとに異なる高校段階での履修科目要件が課されており、職業系ラインでは、それらの科目を履修する時間的な余裕がなかっ

たり、提供されていなかったりした。

　どのラインからも大学進学が可能であることは、進学系ラインと職業系ラインとの格差を縮小する有力な方略だと期待されたが、実際のところ、職業系ラインからの進学はやはり困難だったのである。

(3)　学校における職業教育

　一方、進学系ラインにも、それまでの学校では行われていなかった労働市場に関する教育が試みられた。代表的なものは、1960年ユムナーシウム審議会が提案した「職業オリエンテーション週間（Yovecka：yrkesorienteringsvecka)」である。この期間は、生徒が1人か小グループで職場に行き、現実の職業について学ぶ。これは、ユムナーシウムと実科学校とが統一された1965年に2年生を対象として実験的に開始され、そのまま本格実施に移ったものだった。高校では、進学系の3年制ラインや2年制の社会・経済・消費ラインで行われ、1980年にはこれらのラインに在籍する生徒の3分の1に対して行われていた。

　そのほかにもいくつかの取り組みがあったが、職業生活の準備は進学系ラインに義務として課されたわけではなく、職業系ラインに一般教科が必修化されたことと比べると不均衡なものだった。

⒀　*SOU 1966:3* s. 148.
⒁　Skolöverstyrelsen, *Läroplan för gymnasieskolan（Lgy70）, Allmän del（delI）kursplan Svenska*, 1970.
⒂　Skolöverstyrelsen, *Läroplanen för gymnasieskolan（Lgy70）, Planeringssupplement（del III）, Språkämnen*, 1970, Stockholm: Utbildningsförlaget.
⒃　*Ibid.*, s. 7.
⒄　Prop. 1972:84 Kungl. Maj:ts proposition angående gymnasieskolans kompetensvärde m.m. s. 40.
⒅　1960års gymnasieutredning, *1960års gymnasieutredning IV: Ett Nytt gymnasium（SOU 1963: 42）*, 1963, s. 619–620.
⒆　Fredriksson, I., Skola och arbetsliv, I 1976års gymnasieutredning, *Ett Specialbetänkande från gymnasieutredningen, Undersökningar kring gymnasieskolan.（SOU 1981:97）*, 1981, s. 128.

また、職業系ラインにおける職業教育の内実にも変化があった。その一つは、新設された教科「労働生活入門（arbetslivsorientering）」であった。この教科は、広い社会的視野をもって各専門分野を理解できるように、社会経済、労働組合や各種労働市場の団体、安全、民主主義、個人の福祉、連携などについて学習する教科となっていた。[20]職業教育のなかに、各分野に専門的な教育のみではなく、広く労働市場について知る教育が含まれるようになったのである。

3　改革の実施と評価

新しい高校は、1971年秋の入学生から年次順に数年をかけて導入された。高校を管轄する中央当局であった学校局は、3年目の入学生を迎える頃、総合制化の改革について次のように評価した。[21]

経済的側面からは、学校規模を大きくして管理・運営することで無駄が省かれつつある。教育学的な視点からは、ライン間で教員やリソースを共同利用することで、質の高い教育に多くの生徒がアクセス可能になっていると肯定的に捉えられた。しかし、複数ラインの生徒が共同で授業を受けることについては、生徒集団の関心や前提となる知識が大きく異なり、教授上の困難を増加させたという指摘がなされた。

そして、最も注視された社会的側面、すなわち進路選択における社会的な偏りの縮減に関しては、短期的には効果は見られなかった。しかし、教職員や設備の統合が進み、進路ガイダンスの機能が高まれば長期的な価値観の変化があるだろうと見込まれていた。また、選択教科において異なるラインの生徒が出会う機会を設けたことも、これに寄与すると考えられた。こうしてその後、しばらく生徒のライン選択の動向が観察された。

入学時のライン選択においては、先に見たように一定の入学要件はあったが、基本的には自由な選択が強調された。現実には、第1希望のラインに入れずに第2志望のラインで入学した生徒が多いラインもあった。例えば、

1970 年代末には、2 年ソーシャル・サービスラインは 66％、2 年工業ラインは 47％、消費ラインは 46％、林業ラインは 42％ の生徒が第 2 志望以下で入っていた。[22]

全体的に見ると、2 年制の理論系ラインへの入学希望者が減り、それにつれて職業系ラインの人気が高まっていた。1971 年の入学者数の割合は、3 年制の進学系ラインに 38％、2 年制の理論系ラインに 27％、2 年制の職業系ラインに 34％ でほぼ同じだったが、1984 年には、それぞれ 37％、12％、51％ となっていた。[23] 職業系ラインへの入学希望者は増加し、入学者数も入学倍率も増加していたわけだが、これには 1970 年代の不況の影響で仕事に就けなかった若者が職業系ラインに入学を希望したことが一因として挙げられる。つまり高校教育は、社会情勢の影響を強く受けていたのである。

生徒へのインタビュー調査から、2 年制の職業系ラインの職業教育について「価値がある」と答えた卒業生が 90％ 以上に上り、肯定的に受け止められていることが示された。[24] その調査では、人としての成長について進学系より職業系ラインの生徒のほうが高校教育を通してより良く育まれたと感じていることも明らかにされた。例えば、自律的に計画する（進学系約 62％、職業系約 70％）、協働する（進学系約 61％、職業系約 78％）、個人的な問題を解決する（進学系約 21％、職業系約 42％）、健康的に暮らす（進学系約 34％、職業系約 52％）といった項目である。

---

[20] Skolöverstyrelsen, *Läroplanen för gymnasieskolan: Supplement (del II), Arbetslivsorientering*, Stockholm: Utbildningsförlaget, 1971.

[21] Projektet målbestämning och utvärdering, *Underlag för debatt om utvecklingsprogram för skolan*, Stockholm: Skolöverstyrelsen, 1973, s. 84-88.

[22] Myberg, M., *Studieorganisation och elevströmmar: Ett bidrag till utvärderingen av 1970 års gymnasieskolereform* (SOU 1981:98), 1981, s. 154. なお、ソーシャル・サービスラインは、1980 年に設置された 2 年制のラインである。

[23] Skolöverstyrelsen, *Gymnasieskolan 1971-1987: En redovisning av gymnasieskolans utveckling avseende intagningsplatser, förstahandssökande, elever, kapacitetsutnyttjande* (Rapporter, 89:43), Stockholm: Skolöverstyrelsen, 1989, s. 14-15.

[24] Axelsson, R. & Wallin, E., *Sjuttiotalets gymnasieskola inför nittiotalet: två utvärderingar som grund för ett debattinlägg*, Stockholm: Skolöverstyrelsen, 1984, s. 34

このように、ライン間には単純な序列化が存在していたわけではなかった。とはいえ、在学年数や教育内容、そして進路に明瞭な差異があり、高校は、実質的には多数のラインが並置されているにすぎなかった。総合制の理念とは裏腹に、ライン間には明瞭で越え難い分離が存在していたのである。

　ただし、以後の教育課程をめぐる議論の出発点として重要なことは、改革の評価において総合制化の理念そのものに対する反省は見られなかったという点である。つまり、ライン間の分離という課題は改革が不十分なことに起因しており、総合制をさらに発展させることによって解消できるという考えだった。そのため、総合制の不十分さは、総合制を深化させることで、すなわち総合と専門分化の原則をより的確に実現することによって、乗り越える方向で議論が進んだ。より具体的に言えば、初等教育との連続性を考慮して専門分化するシステムのなかで、選抜ではなく生徒による自由な選択を重視しつつ、高校の教育課程としては、すべてのラインに一般教科も職業教科も設定して職業生活と進学両方への準備を保障し、かつ在学中にラインの変更ができるようにする、といったことである。

　とはいえ、こうした方向性は単純に実現に向かったわけではない。特に、ライン間の変更可能性については他の原則と競合するものであった。当時の教育課程は、タイムプランによって入学から卒業まで一連のものとして構想されていたため、途中でラインを変更することは困難であり、変更したい場合には別ラインに再入学し直す生徒もいた。各分野への専門化を進めながら、変更可能性を認める柔軟な制度をどのようにして実現するのか。これが、1970年代以降の議論の焦点の一つになった。

　次章からは、その展開を明らかにしていく。

第2章

専門分化をめぐる研究と議論

1898年　LO設立
1902年　SAF設立
1938年　サルチオバーデン協約
1951年　レーン・メイドナーモデルの提唱
1969年　スウェーデンの文部大臣オロフ・パルメ（Olof Palme）がヨーロッパ文相会議でリカレント教育モデルを提案
1976年　高校審議会（1976års gymnasieutredning）（〜1981）
　　　　　SOU 1981:96『改革された高校』
　　　　社会民主党が下野し、保守中道連立政権
1983年　Prop. 1983/1984:116　『高校の開発について』
1984年　高校教育課程開発のFSプロジェクト開始

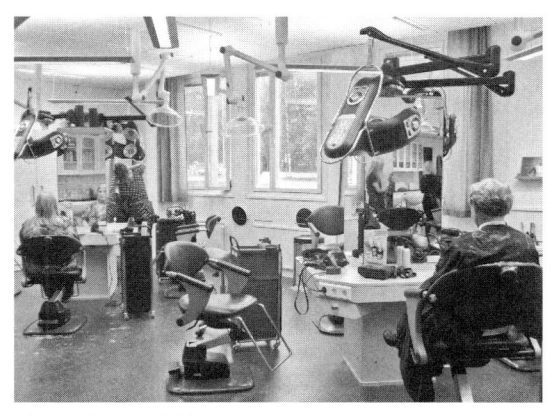

美容師専修の高校にあるサロン。生徒が実習をする。通常の半額ほどでカットやパーマができる（S:t Eriks gymnasium）

道半ばと目された高校の改革をさらに進めるために、教育省は1976年8月に「高校審議会（1976års gymnasieutredning）」を設置した。この審議会での議論を中心に、多くの関係者が参画して、1970～1980年代には高校教育課程をめぐる研究と議論が行われた。そこで重要な論点となったのが「専門分化」と「職業教育」だった。本章では前者を、そして次章では後者を検討する。

総合制の理念は大きな方向性としては支持されたものの、具体的な専門分化の方法については齟齬をきたすような要素が少なからずあった。職業系ラインの生徒においては、一般教科の学習意欲が低かったり、途中でラインや専攻の変更を希望する生徒が少なからず存在したのである。こうした問題点を乗り越えるために、どのような方策が考えられたのだろうか。

1　背景

（1）　産業と教育の結び付き

1960年代、スウェーデンは社会民主党のリーダーシップの下で福祉国家として繁栄し、「黄金の60年代」と呼ばれる時代を築いた。しかし1970年代には、オイルショックの影響を受けて経済的な苦境に立たされた[1]。

エネルギー資源として主に利用していた石油を輸入に依存していたためオイルショックの打撃が大きく、伝統的な鉄鋼業や造船業が衰退することになった。その結果、福祉国家体制の負の側面、すなわち重税を前提とした公共部門の拡大に伴って、中央集権化や官僚主義を蔓延させてしまったという批判が大きくなった。こうした状況下で、1976年9月の国会総選挙において社会民主党は大敗し、1932年以来、1936年の一時期を除く44年間にわたって堅持してきた政権の座から降りた。

新しく発足した保守中道連立政権は、経済再建を最優先課題とした。産業

については、工業生産から知識集約型産業へと構造変化が起こっており、労働の現場では様々な職種において機械化が進み、多くの新しい知識が求められるようになっていた。このため学校教育においては、発展した技術を用い、またさらなる技術の発展に伴って新しいことを学べる人を育てることが求められた。1970年代の教育改革には、このような産業界と教育との結び付きが強く影響していた。

もっとも、産業と教育の結び付きは、突然強調されたことではなかった。第2次世界大戦後、スウェーデンは失業問題を解決するために、完全雇用を目指して、LOの経済学者であったイェスタ・レーンとルドルフ・メイドナーによって提唱された「レーン・メイドナーモデル（Rehn-Meidner model）」と呼ばれる経済政策戦略をとった。

1951年にLO大会で提案されたこのモデルは、勤務する企業に関わらず同一の仕事に同一の賃金を定める「連帯賃金政策」と、流動的な労働市場の保持を二本柱に据える。まず、同一労働同一賃金のため、利益が上がっていない企業は決められた賃金を払うことが困難になって淘汰され、国際市場で競争できる企業がより迅速に成長する。同様のことが産業分野にも当てはまり、スムーズに産業構造の変換を促す役目を果たすというものであった。

ただし政府は、淘汰された企業で働いていた人が新しい職種や産業に適応するための援助措置として、職業紹介、再教育、職業訓練プログラムを整え、労働力の流動性を保つという政策を進めた。このレーン・メイドナーモデルは、1950年代から1960年代の産業構造の転換期に順調に機能し、経済成長率と生産性の上昇を支え、スウェーデン企業の競争力を強化させたと評価されている[2]。

このモデルにおいては、労働市場の流動性を保つために、成人に対する職業教育・訓練が不可欠となる。政策的に産業と教育とを結び付けて考える土

---

(1) 1970年代の社会背景については、百瀬宏・熊野聰・村井誠人編『新版　世界各国史21　北欧史』山川出版社、1998年、396〜401ページ参照。
(2) ハデニウス・S著、岡沢憲芙監訳『スウェーデン現代政治史——対立とコンセンサスの20世紀』早稲田大学出版部、2000年、82ページ。

台は、こうした背景においてつくられていたのである。それがゆえに、職業教育をその一部に含む高校教育に対しても、産業界の意見が強く反映されるようになっていた。

なかでも、全国組織であるLOと、ホワイトカラー労働組合中央組織（TCO）、そしてSAFは、教育改革を進める審議会に代表を参加させたり、報告書に対する意見を表明したりと積極的に発言し、影響力をもった。LOは社会民主党の重要な支持基盤であり、労働者の権利や平等を求めるその意向は、社会民主党を通して1960年代からの教育改革にも反映されていた。

(2) リカレント教育の強調

1970年代以降の教育改革の背景にあるもう一点の重要な要素は、「リカレント教育（återkommande utbildning）」の原則や「生涯学習（livslångt lärande）」の概念である[3]。それは、若い時期に教育を受けて、その後職業へ移行する一方向的な人生モデルではなく、教育を受ける期間と就業する期間とを交互に繰り返す人生モデルを提示するものであった。つまり、一定期間就業した後に、個人のニーズに応じて何度でも教育を受けることを推奨するものである。

このモデルは、前項に述べた労働市場の流動性を保持することと親和性をもち、さらに、あらゆる人々に教育を受ける機会を拡大するという点で、平等を重んじる思想とも適合して発展していった。

このリカレント教育の理念に照らしてマルクルンドは、高校教育を義務教育段階とともに「若者の教育」として位置づけるのではなく、成人教育や労働市場の職業訓練や高等教育とともに「任意で受ける教育」の一部として位置づけるべきである、という見方を提示した[4]。現実に、市が担う成人教育であるコンブクス（komvux）と、労働市場で行われる職業訓練や高校教育の間には内容面において重複があった。そのため、高校教育が受けられる20歳未満の若者であっても、就業しながら教育を受けたり、修得が難しい教科のみを履修したりするために、高校ではなくコンブクスや職業訓練機関で学

習する者もいたほどである。そのような内容の重複を鑑みて、高校はコンブクスや職業訓練機関と連携することが求められた。

以上のように、教育に対する労働市場の影響力が増し、リカレント教育概念が広がって関連教育機関との連携が求められるなかで、1970年代以降の高校改革の議論は行われた。

2　1976年高校審議会による議論と教育課程の構想

（1）　1976年高校審議会の概要と研究活動

1976年高校審議会（1976års gymnasieutredning）は、学校局副局長ラーシュ・フェルド（Lars Sköld）を委員長に、国会議員、LO や SAF の代表者などを含む11人の委員で構成された。1979年1月29日からは、それまで研究のための専門家グループの一員として審議会に関わっていたウプサラ大学教授のウルバン・ダールレフ（Urban Dahllöf）が委員長に就任し、研究や議論を率いた。委員のほかにも、専門参考人として校長会や教員組合など13の関連団体の代表者が参加し、各専門分野の教育に関する議論には、経営・経済、工業、福祉、その他社会という4分野について、それぞれ約10名の専門家が集められた。その他、統計の専門官、各教科教育の専門官、事務官、社会実験計画担当者など、全体で154人にも上る人々が関わった。

---

(3) Söderström, M. Återkommande utbildning som planeringsproblem: Svårigheter och möjligheter, I 1976års gymnasieutredning, *Undersökningar kring gymnasieskolan : Ett specialbetänkande från Gymnasieutredningen*（SOU 1981:97）, 1981, s. 429–517.
(4) Marklund, S., New stages in education: A Swedish viewpoint, *Comparative Education*, 16（3）, 1980, p. 273.
(5) Regeringssammanträde protokoll 1976/08/05, s. 465.
(6) 1976års gymnasieutredning, *En reformerad gymnasieskola*（SOU 1981:96）, 1981, Bilaga 5.

審議会の任務は、現状の評価と将来予想を行い、次の高校改革を構想することだった。審議会では、ライン制の高校について、高校進学者数の増加や専門性の育成に関して長所を認めたうえで以下の3点の問題点を指摘した。[7]

- 高校入学時のラインや専修の分岐が複雑である。
- ライン間、とりわけ進学系と職業系のラインが複線型学校制度の名残を見せて大きく乖離（かいり）している。年限や進路目標や入学要件の差異に加え、各ラインがそれぞれの専門教育を中心としているために、生徒の学習内容をその専門分野に閉じ込めてしまっている。
- 特に職業教育に関して、設定されているラインや専攻が産業構造の変化に適合していない。ライン制では、各専攻のカリキュラムが一連のものとして全国共通に規定されていたため、カリキュラムの部分的な変更ができなかった。その結果として、産業構造の変化や技術の発展へ対応するために新しいラインや専修や特別コースが増設され、課程分岐は複雑さを増していった。1980年には、25ラインに加えて、全国で400に上る特別コースがあった。

　以上の問題点は、主に課程分岐の構造や原理をめぐって生じていると言える。これらの課題に対応して、ライン制に代わる新たな課程分岐の構造が模索されることとなった。

　ただし、高校改革の議論は高校内部のみで行われたわけではない。高校と同じ教育内容を含んでいたコンブクスや、職業訓練との関連が主要な論点の一つになっていた。その他の主要な論点としては、ラインや専修の構造、そして中退者や不登校者の問題が取り上げられた。[8]

　中退や不登校は先の改革議論のなかではそれほど大きく取り上げられなかったが、新しい制度の問題点が表れている事柄として注目された。例えば、1971年にエレブロ（Örebro）市の高校に入学し、3年以内に中退した生徒を対象に行われたインタビュー調査の分析が紹介されている。[9]

　この分析視点は、当時の審議会がもっていた考え方を示すものとして示唆の深い。それは、中退の理由を、才能や障害などの「個人的要因」、学校の

「内的環境要因」、学校外の社会全体に関する「外的環境要因」という三つの要因の関係性のなかに捉えるものである。例えば、個人的要因として身体的なハンディキャップがあっても、環境要因でバリアフリー設備が整っていれば大きな困難を生まない。このように、個人的要因は常に環境要因との関連のなかで「問題」になると考えられている。

　そして、その個人の過去、現在、未来の可能性を見越して中退の問題を考える必要があるとし、中退を高校の問題としてのみ捉えるのではなく、学齢期から成人に至るまでの長期的な問題として検討しようとした。個人、環境、時間軸を考慮に入れることによって、当該個人や学校の責任を追及するのではなく、教育制度、さらには社会のあり方の問題として改善の方途を探ろうとしたのだった。

　研究結果からは、中退者のほとんどは入学後早い時期に中退を決めていることが示された。そうした生徒はライン選択を誤ったと感じたり、学校の学習に嫌気がさしたり、働きたいといった理由からであった。ただし、当時、高校中退者や基礎学校修了者に対する雇用はほとんどなくなっており、高校教育は社会に出る前に不可欠なものになりつつあった。そこで、学校で学習するよりも働きたいと考えるような高校生に対して、高校が労働市場と連携して実習など実際の職業に触れる教育を行うことが重視された。特に、入学時に職業教育の要素を増やして、高校教育と職業とのつながりを感じさせることがすすめられた。また、基礎学校で学習困難だった生徒をサポートする体制を整え、基礎知識を重視することも提言された。当時の高校は基礎学校に比べて学習をサポートする体制が不足していたのである。

---

(7)　*SOU 1981:96* s. 20–30.
(8)　これらの論点について高校審議会が行った調査研究は、以下の報告書にまとめられている。Härnqvist, K. & Svensson, A., *Den sociala selektionen till gymnasiestadiet: En jämförelse mellan fyra årskullar*（*SOU 1980:30, Betänkande av gymnasieutredningen*）, 1980., Myrberg, M., *Studieorganisation och elevströmmar: Ett bidrag till utvärderingen av 1970års gymnasieskolereform*（*SOU 1981:98*）, 1981., Ds U 1981:14 Del 1-8, *Ämnesanalyser för gymnasieutredningen.*, *SOU 1981:97*.
(9)　Beckne, R., Studieavbrott i gymnasieskolan, I *SOU 1981:97*, 1981, s. 7–96.

このように、基礎学校と高校の教育課程上の接続を円滑にしたうえで、専門分化に関して、入学時には広い分野の教育を行って進路変更の可能性を広く残しておき、徐々に職業選択を行っていくようにするといった専門化のありようにも言及された。そして、ライン選択のための情報提供やガイダンスを充実させて専門分化をスムーズに行えるようにすることや、ライン変更を部分的に行えるようにすることなどが提案された。

一方で、少ないながら3年次に中退する生徒もいた。彼らの理由は主に、成績が悪く、大学進学に有利なラインに入学し直すためだった。この調査結果から、大学進学に関わるライン間の格差を少なくすることが課題として再認識された。その対応として、ラインの途中変更が可能なシステムをつくることや、教育課程の一部分のみを履修したり、仕事と両立させたり、職場で教育を受けるなど、多様な形式での教育を可能にすることが提案された[10]。

改革論議において、問題とされる現象をその制度内で解消しようとしたり、対処療法的な対応をしたりするのではなく、教育システム全体の吟味に照らして、根本的な原因に対応しようとする姿勢は重要であろう。

(2) 自治体主体の社会実験

審議会は調査研究によって実状を明らかにし、議論の共通基盤を設定したうえで、自治体主体でそれぞれの状況に合わせた実験的改革を行う機会を設けた。各地域や学校に根付いた改革を推奨し、実際に試行してみた結果をもとにして新しい教育課程を計画しようとしたのである[11]。

専門分化に関しては、入学時には広い区分を置き、在学中に選択して専門化するという原則を示したうえで、その具体的な姿は各自治体の構想に一任した。例えば、工業分野について見てみると、審議会の報告書では**図表2-1**のようなモデルが示された。

これは、進学系の自然科学ラインと職業系の五つのライン（4年制の工業ライン、2年制の工業、電子工学、運輸、建設設備ライン）をまとめた教育課程である。1年間を3学期に分け、これら六つのラインすべてに共通する

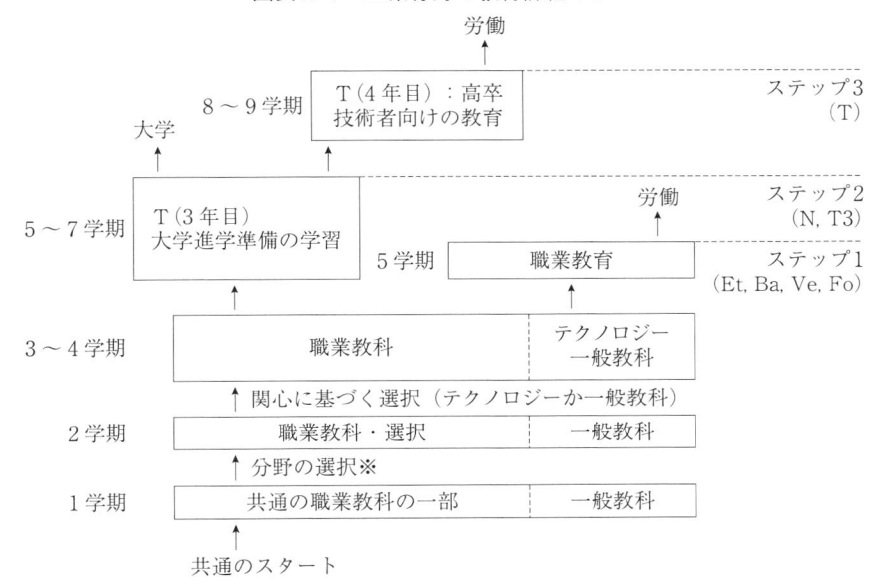

第2章 専門分化をめぐる研究と議論 61

図表 2-1　工業分野の教育課程モデル

```
                                    労働
                                     ↑
          8〜9学期   ┌─────────────┐                    ステップ3
                    │T（4年目）：高卒│                      (T)
                    │技術者向けの教育│
          大学       └─────────────┘
           ↑              ↑
                                              労働
                                               ↑         ステップ2
          5〜7学期 ┌─────────────────┐                    (N, T3)
                   │  T（3年目）      │
                   │大学進学準備の学習 │  5学期 ┌────────┐
                   └─────────────────┘        │職業教育 │  ステップ1
                                                └────────┘  (Et, Ba, Ve, Fo)

          3〜4学期 ┌─────────────────┬──────────┐
                   │    職業教科      │テクノロジー│
                   │                  │ 一般教科  │
                   └─────────────────┴──────────┘
                    ↑関心に基づく選択（テクノロジーか一般教科）
          2学期    ┌─────────────────┬──────────┐
                   │ 職業教科・選択    │ 一般教科 │
                   └─────────────────┴──────────┘
                    ↑分野の選択※
          1学期    ┌─────────────────┬──────────┐
                   │共通の職業教科の一部│ 一般教科 │
                   └─────────────────┴──────────┘
                          ↑
                       共通のスタート
```

※：N＝自然科学ライン、T＝4年工業ライン、Et＝電子工学ライン、Ba＝建築・設備技術ライン、Ve＝工業ライン、Fo＝運輸技術ラインに分かれる。
出典：SOU 1981: 96 s.359 Figur25.3 を筆者が訳出。

1学期間の共通教育を行い、2学期に各ラインに分かれ、3学期からより専門的な学習を始めるという構想だった。

　これについてモーラ（Mora）市は、1学期間とはいえ進学・就職の進路希望も問わず六つものラインに共通する教育課程を編成するのは困難であると考え、統合するラインを自然科学、工業、電子工学の3ラインに限定し、代わりに共通部分を1年間に延長するというモデルを提案した（**図表2-2参照**）。

　しかしこれでは、2年制の電子工学ラインにおいて、職業教科の時間数が当時のタイムプランと比べて16時間も減少してしまう（**図表2-3参照**）。モ

---
(10)　*Ibid.*, s. 87
(11)　*SOU 1981:96* s. 351–373.

図表 2-2　モーラ市の提案：工業分野・電子工学領域の教育課程モデル

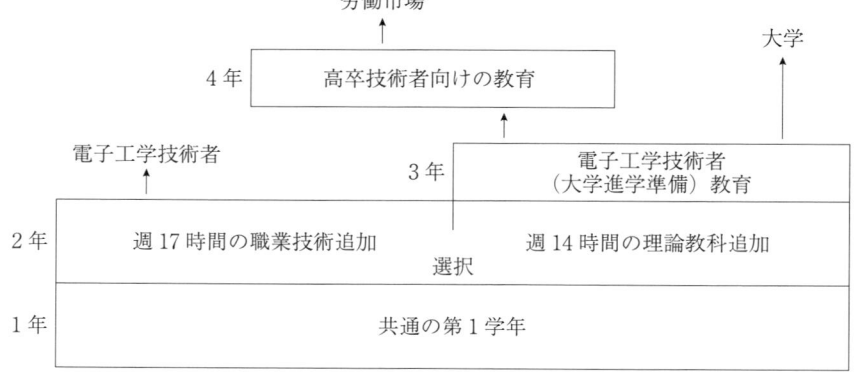

```
                            労働市場
                              ↑                              大学
                                                              ↑
         4 年          高卒技術者向けの教育
                                              ↑
    電子工学技術者                         電子工学技術者
         ↑                3 年          （大学進学準備）教育
    ┌─────────────────────────────────────────────────────────┐
    2 年   週 17 時間の職業技術追加      週 14 時間の理論教科追加
                              選択
    1 年              共通の第 1 学年
    └─────────────────────────────────────────────────────────┘
```

出典：SOU 1981: 96 s.360 Figur25.4 を筆者が訳出。

図表 2-3　モーラ市の提案：工業分野・電子工学領域のタイムプラン

教科	提案（1週間の授業時間数）			当時のタイムプランとの比較	
	1年	2年	3年	工業ライン	電子工学ライン
技術教科	16	27/10	12	＋9.5	－16
数学	5	0/5	5	0	＋5
物理	3	0/3	3	－1.5	＋3
化学	3	0/3	―	－0.5	＋3
生物	―	―	3	＋3	―
スウェーデン語	3	3	2	0	＋2
英語	3	3	3	＋2	＋6
歴史、社会／労働生活入門、宗教	3	3	3	－2	＋4
第二外国語／自由選択	―	0/3	3	0	―
自由選択	―	―	―	―	－6
体育	2	2	2	－1	0
計画	―	―	―	－3.5	－1
合計	38	38/32	36/33	＋6	0

注：一授業時間は 40 分。
出典：SOU 1981: 96 s.361 Tabell 25.3 を筆者が訳出。

ーラ市では、職能団体との議論の末、1年間と提案された共通教育の期間を短縮して、それに続く職業教科の時間をできる限り長くすることになった。このように、各市で議論や実験が行われ、その結果を参照して、各分野について全国共通の教育課程のモデルが構築された。

(3) 進路よりも専門分野を選択する教育課程の提案

　様々な市での実験を踏まえて、高校審議会が1981年に提案したのは、入学時の進路選択を大幅に簡略化した高校だった。

　当時、高校入学時に選択できるラインは25以上あり、さらに、傍系とされた特別コースを含めれば全国で数百に上る選択肢があった。特別コースには、小規模であったり、一般教育が少なかったり、年限が短いためにラインに組み込まれなかった職業コースのほか、年齢制限や高校修了が特別入学要件として課される上級コース、3・4年制のライン修了後に履修できる短期の上級特別コースなどがあり、これらを含めた高校の全体像の把握は難しかった。高校審議会は、こうした選択肢の多さや全体像の把握の難しさを批判し、高校全体の教育課程をシンプルにすべく、統合し編成し直した。

　その構想では、入学時に生徒は、「経済」「社会」「工業」の3セクターから一つを選ぶことになっている。さらに、工業分野を選んだ生徒は、「実験」「機械」「電子工学」「建築」の4ブロックから一つを選ぶ。これらの各セクターやブロック内では、高校卒業後に大学進学を希望する生徒と就職希望の生徒をともに含んで2学期間の共通教育を行う。そして2学期の終わりに生徒は、それぞれのセクターやブロック内で、2年制の職業系ラインか3・4年制の進学系ラインかを含む、より詳細な専門分野を選択する。

　この提案は、高校修了後、進学するか就職するかの選択を入学時にさせない点で斬新なものだった。ただし、3学期目からの教育課程は、それまでのラインごとに分かれた構造を踏襲していた。つまり、分化時期を遅くすることで進学系ラインと職業系ラインとに共通の教育課程をつくりだそうという考えだったと言える。

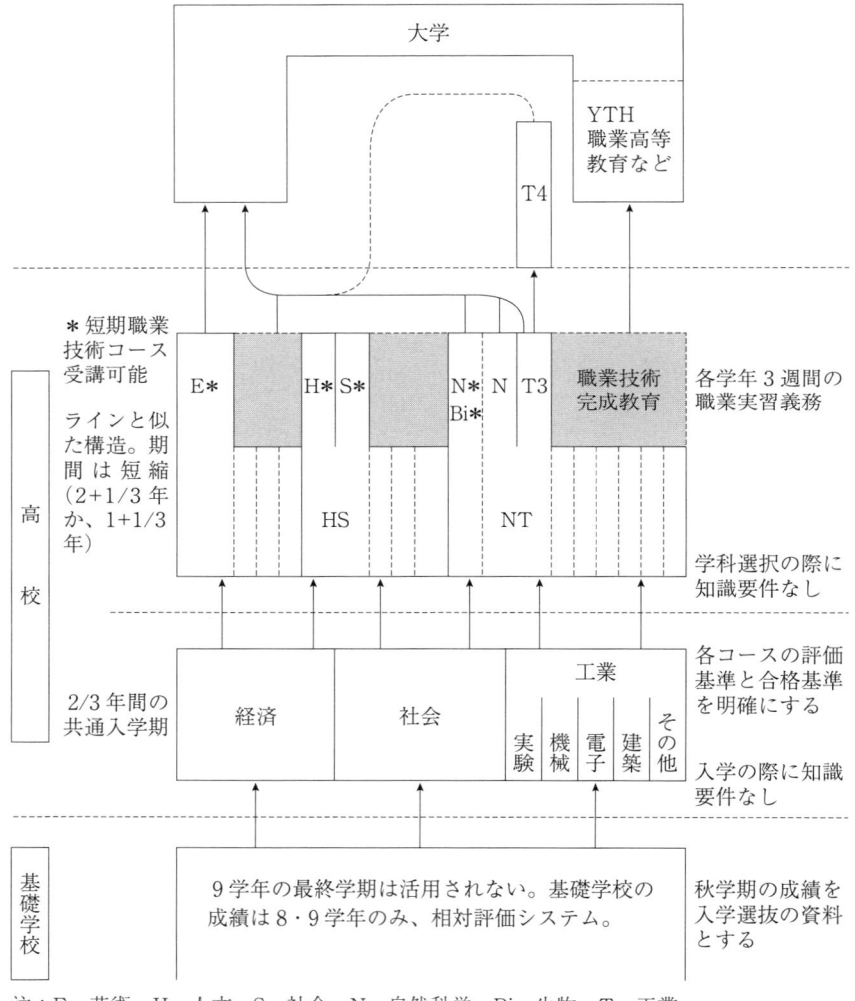

図表2-4　1976年高校審議会が提案した教育課程の分岐モデル

注：E＝芸術、H＝人文、S＝社会、N＝自然科学、Bi＝生物、T＝工業
出典：Svenska Arbetsgivareföreningen, *SAFs yttrande över gymnasieutredningens betänkande "En reformerad gymnasieskola"* (*SOU 1981: 96*), Stockholm: Svenska Arbetsgivareföreningen, 1983, 裏表紙．を筆者が訳出。

(4) 教育課程編成論

　進学系ラインと職業系ラインとの間に共通性を拡大する理念は、高校審議会が打ち出した教育課程の編成原理にも表れていた。その原理は、高校で提供される教科を4種類に分類し、これらのバランスを考えながら教育課程を編成するものだった。その4種類とは、「一般スキル教科（allmänna färdighetsämnen）」「専門教科（karaktärsämnen）」「芸術・実用教科（estetisk-praktiska ämnen）」「補助・統合教科（stöd- och integrationsämnen）」である。

　「一般スキル教科」は、コミュニケーションの基礎を養うスウェーデン語と外国語である。「専門教科」は、各ラインの専門教育を行う教科であり、内容によって入門から発展までに分類される。「芸術・実用教科」は、自己表現の機会であるとともに、各教科のスキルを磨いて人間性を育成するものであり、絵画、ドラマ、音楽、速記文字などである。そして「補助・統合教科」は、専門分野の学習を広い文脈のなかに位置づけ、生徒の視野を広げる教科である。言い換えれば、一般的な市民に必要な知識とも言えた。

　ただし、この「補助・統合教科」にあたる教科は、専門分野との関係に応じて各ラインで異なった。例えば、「生物」は自然科学系ラインの生徒にとっては「専門教科」だが、人文や社会系ラインの生徒にとっては「補助・統合教科」になる。また逆に、「スウェーデン文化史」は人文系ラインの生徒にとっては「専門教科」だが、自然科学系ラインの生徒にとっては「補助・統合教科」になるという具合である。

　この教科分類は、単なる教科の類型という以上の意味をもっていた。それまでスウェーデンで用いられていた教科の分類は、例えば1958年の学校教育法（skolstadga）においては、「学業教科（läroämnen）／練習教科（övningsämnen）／職業教科（yrkesämnen）」といった区分が行われていた。そのほか一般的には、「理論教科（teoretiska ämnen）／実技教科（praktiska

---

[12] SOU 1981:96 s. 125.

ämnen)」「知識教科（kunskapsämmnen）／練習教科（övningsämnen）」「一般教科（allmänna ämnen）／職業教科（yrkesämnen）」といった分類があった。これらの分類は、進学か就職という進路を意識しているか、あるいは「頭を働かせるか、手を働かせるか」という学習場面を考慮したものだった。

一方、審議会が行った４種類の教科分類は、それぞれのラインの専門性を「専門教科」として重視しており、その専門性が進学系か職業系かといった差異や授業での学習方法の差異は問わない。つまり審議会は、教育課程編成において、分野に関わらずそれぞれの専門教育を重視して専門化のプロセスを軸に据え、そこに関連づけて他の教科を位置づけようとしたわけである。このような教科の分類に基づいて、各生徒の教育課程は、一般教育と専門教育とを内的に関連づけて構想されたということができる。

（5）　職業系／進学系ラインのタイムプラン構想

例として、工業セクターの２年制ライン（**図表 2-5 参照**）と４年制ライン（**図表 2-6 参照**）のタイムプランを挙げ、より具体的な教育課程を検討する。両方において、初めの２学期間はセクター内で共通の教科が設定されている。この２学期間の教育には、二重の目的があるとされた。

第一の目的は、生徒が自分の専門を確定するために、関心のある分野について広く学ぶことである。このため、専門教科の入門である「入門実用教科」と、３週間の実習とが設けられた。入門実用教科は、専門分野の中心となる理論や概念が現実のなかでどのように用いられているのかを学ぶ教科であり、工業セクターには「電子」「電子工学」「エレクトロニクス」の３教科が設定された。この３教科が１学期には半分、２学期には３分の１の時間数を占め、入学時から各セクターの専門教育の特色を捉えさせようという意図があった。これに加えて、１学期には３週間の実習も予定された。当時、進学系のラインでは実習を行わない生徒も数多く存在したが、審議会は、進路希望に関わらずすべての生徒が実習を行うことを提案した。高校教育を現実社会と結び付け、すべての生徒に労働者の権利と義務、労働市場に関わる法

図表2-5 工業セクター電子工学ブロック・2年制ラインの標準タイムプラン案

教科・科目	学期	1		2	3	4	5	6
	週数	9.2	3	12.2	12.2	12.2	12.2	12.2
スウェーデン語		3	—	3	4	4	4	4
英語 a		4.5	—	4.5	4	3	3	3
第二外国語/数学 b		3.5b	—	3.5b	4/0	3/0	3/0	3/0
職業理論と進路指導		4	—	4	—	—	—	—
入門実用教科 (電子+電子工学+エレクトロニスク)		22	—	14/22	—	—	—	—
実習		—	43	—	—	—	—	—
理論選択(工業+化学)		—	—	5+3/0	—	—	—	—
職業工業教科c(実習含)A:理論選択		—	—	—	25.5	25	25	25
B:理論選択なし		—	—	—	29.5	28	28	28
社会		—	—	—	—	4f	4f	—
文化		—	—	—	—	—	—	4f
芸術・実技科目 d		1.5	—	1.5	1.5	1.5	1.5	1.5
保健体育 e		3	—	3	3	1.5	1.5	1.5
計画		1.5	—	1.5	1	1	1	1
計		43	43	43	43	43	43	43

注:数値は1週間の授業時間数。1授業時間は40分。
a 英語は学校の都合上省略することができる。その場合、生徒は1・2学期スウェーデン語の補習クラスを受ける。その後は、職業理論を、3学期は週4時間、4~6学期は週3時間受ける。
b 1~2学期は第二外国語か数学の選択を行い、その後はこのいずれかか職業工業教科かを選択。
c 工業分野の一部のプログラムでは、第二学年で職業工業教科を手工的に専門化させることもできる。
d 絵画/ドラマ/音楽/速記文字(/(ある場合は)スロイド)から選択。
e 人間工学(ergonomi)と健康管理を含む。
f 文化と社会は、例えば両方2時間ずつ並行させて、文化を4~5学期のどこかで行うこともできる。文化と社会を教える教師が異なるとき、そうした方が都合良いであろう。
出典:SOU 1981:96 s.142, s.145, s.196をもとに筆者が作成。

---

[13] Lindskog, E., Ämnesplaner i gymnasieskolan? I Román, H. (red.) *Kursplaner som styrinstrument*, Uppsala: Studies in Educational Policy and Educational Philosophy (STEP), Uppsala Universitet, 2005, s. 47-48.
[14] *SOU 1981:96* s. 138

図表2-6 工業セクター4年制ラインの標準タイムプラン案

教科・科目	学期									
	1a	2	3	4	5	6a	7	8a	9	10〜12
スウェーデン語	3	3	6.5	6.5	6.5	5	—	—	—	—
英語	4.5	4.5	4	3	3	3	2/0	—	—	—
第二外国語	3.5	3.5	4	5	5	5	3/0	—	—	—
職業理論と進路指導	4	4	—	—	—	—	—	—	—	—
入門実用教科（電子＋電子工学＋エレクトロニスク）	22	14	—	—	—	—	—	—	—	—
工業	—	5	8	8	—	—	—	—	—	—
化学	—	3	6	6	9	—	—	—	—	—
数学	—	—	9	9	9	9	9	6.5	—	—
物理	—	—	—	—	5	7	11	8.5	5.5c	—
工業特別教科	—	—	—	—	—	—	5/10	7.5	14	38
企業経済	—	—	—	—	—	—	—	—	—	3
労働環境学習	—	—	—	—	—	—	—	—	—	2
生物／エコロジー	—	—	—	—	—	—	—	6	6	—
地理	—	—	—	—	—	—	—	6	—	—
社会	—	—	—	—	—	—	—	6	4	—
心理学	—	—	—	—	—	—	—	—	5	—
歴史	—	—	—	—	—	8.5	4.5	—	—	—
宗教	—	—	—	—	—	—	6	—	—	—
文化	—	—	—	—	—	—	—	—	6	—
芸術・実技科目	1.5	1.5	1.5	1.5	1.5	1.5	—	—	—	—
保健体育b	3	3	3	3	3	3	1.5	1.5	1.5	—
計画	1.5	1.5	1	1	1	1	1	1	1	—
計	43	43	43	43	43	43	43	43	43	43

注：数値は1週間の授業時間数。1授業時間は40分。実習期間はこの限りではない。
a この学期は3週間の実習期間を含む。
b 人間工学（ergonomi）と健康管理を含む。
c 発展科目
出典：SOU 1981:96 s.218 を基本に、s.142, s.145, s.185 を参照して筆者が作成。

規、現実社会の問題などを学ぶ機会を保障するためだった。

　ここで職業教科について記しておきたいのは、Lgy70のタイムプランでは一つの教科にまとめられていた職業教科が、入門から発展までの発展を考慮して複数の教科に区分されたことである。例えば、**図表2-5**では「入門実用教科」と「理論選択」、「職業工業教科」とに分けられている。これは、入学時2学期間の共通教育課程を設定するにあたって、就職志望の生徒のみならず進学志望の生徒にも対応する入門教科を独立して設定するために必要なことであった。しかしながら、このように教科を区切ることは、より多くの生徒が入門部分だけを共通に学べるようにしたのみならず、職業教科の中身を具体的に明示し、検討する契機を与えたという点で、以後の議論につながる重要な特徴だった。

　共通教育の第二の目的は、様々な分野の発展的な学習に重要である語学と数学の基礎を学ぶことだった。これらの教科については、全員がまず基礎科目を履修し、その後、継続する発展的な内容の科目を学習するか否かを各生徒自身が選択できるようにすることが原則とされた。

　ここで、以上の共通教育の目的は、どちらも専門分野の本決定を目指していることに留意しておきたい。2学期間の共通履修教科は、それを学んだ後に進学か就職かを選択し、専門性を深めるための準備なのである。この2学期間の履修教科は、前述した4種類の教科分類に照らして言えば、「専門教科」の入門部分と「一般スキル教科」「芸術・実用教科」にあたる。「一般スキル教科」と「芸術・実用教科」は、高校在学中、継続的に設定された。

　残る「補助・統合教科」は、高校教育の最終段階に置かれた。具体的に言えば、**図表2-5**では4～6学期の「社会」と「文化」、**図表2-6**では6学期以降に置かれている「生物／エコロジー」「地理」「社会」「心理学」「歴史」「宗教」「文化」にあたる。基礎学校と同じ教科が中心であるが、「文化」は高校審議会が新しく設定した教科だった。これは、「民族誌・歴史・文化・宗教・その他の視点から、様々な民族の文化を統合して学習する」ものとさ

---

(15) *SOU 1981:96* s. 190.

れている。

　例えば、移民やマイノリティー文化について取り上げて文化間の対立を考えるといったように、「一つか二つの具体的事例に焦点を当てた学習を通して、文化的アイデンティティや異文化間の関連を理解する」学習方法をとっていた。高校教育では、現実社会が強く意識されていたのである。

　以上の提案を一般教科について見れば、すべての生徒が共通に履修する量と種類が増加していたことが分かる。語学や数学のほか、文化という新教科に見られるように、現実社会の問題を広く学ぶことが重視されていた。

　ただし、高校審議会の構想は、一度進路を選択した後にはその変更可能性が少なく、ライン間の分離を残していた。つまり、高校審議会は、2学期間の進路未分化の期間を置いてはいたが、その後の進学系ラインと職業系ラインとの間には分離を許容していたということである。それは構造的には、かつて1960年代末に基礎学校においてライン分化を廃止した際に、その多様性を高校に先送りした手法と共通していたと言える。

　このように、従来の考え方や手法を踏襲する高校審議会の提案に対して、労働市場との結び付きと生涯学習の理念の広がりという時代背景を強く反映した反対意見が出された。次節ではそれを取り上げる。

3　スウェーデン経営者団体連盟による批判と対案

(1)　スウェーデン経営者団体連盟(SAF)の概要と教育改革への影響力

　高校審議会の構想は、通常の改革の手続きに従って、関連諸団体からの意見を集めるレミス（32ページ参照）にかけられた。レミスでは、入学から2学期間を共通教育課程にする構想が最大の論点となった。進学系ラインと職業系ライン間の分離を解消しようという理念は多くの支持を得たが、共通の教育課程を設置し、生徒の進路選択の機会を先送りすることでそれを実現す

る方法に対しては批判もあった。その構想を強く批判した一つの団体が「スウェーデン経営者団体連盟（SAF）」であった。

SAFは、1902年に設立された経営者団体の全国組織である。設置の背景には、1898年のLOの設立に見られる労働運動の高揚があり、これに脅威を感じた経営者達がSAFを設立した。[18] 産業界の一団体であるSAFは、20世紀半ばまでにLOと並んで教育改革に対して発言力をもつようになった。その背景を少し押さえておきたい。

1920年代の前半、スウェーデンはひどい不況に見舞われ、失業率は記録的な水準となっていた。[19] しかしながら、1920年代の後半には工業化と近代化が進み、かつてないほど急激な成長が見られた。ただし、この成長の陰には、都市の拡大のほか、失業と絶え間ないストライキが存在していた。景気が上向き始めた1933年以降、SAFとLOは経営者と労働者との立場を代表する中央組織として、この労使関係の問題を自分たちの手で解決しようとした。政治上の決定に寄らず、労働市場の中央組織での自主的な賃金交渉と協調的な労使関係の形成を目指したのである。

そして1938年には、労使関係に関するルールを合意した「サルチオバーデン協約（Saltsjöbadsavtalet）」がSAFとLOの間で締結された。当時、ヨーロッパ各地では独裁政権が拡大していたが、スウェーデンでは政治の領域でも労働市場の分野でも、問題解決のためにコンセンサスを図るという土台がつくられていったのだ。

この労働市場の安定を土台に、第2次世界大戦後、スウェーデンは再び急速な経済成長を遂げることになった。1946年から1950年までの国内総生産（GDP）は年平均4.5％の伸びを記録し、「黄金の60年代」につながった。

---

[16] *Ibid.*
[17] Prop. 1983/84:116 Om gymnasieskola i utveckling, Bilaga2, s. 122.
[18] Svenskt Näringsliv (n.d.) *Så föddes Svenskt Näringsliv*, http://www.svensktnaringsliv. se/om_oss/sa-foddes-svenskt-naringsliv_9758.html, 2015年10月20日確認。
　　SAFは、2001年に「スウェーデン工業連盟（Sveriges Industriförbund）」と統合して「スウェーデン経済団体連合会（Svenskt Näringsliv）」になった。
[19] ハデニウス・S著、岡沢憲芙監訳、前掲書、2000年、48ページ。

教育改革に関連して重要なことは、1950年代から1960年代の労働政策で用いられた「レーン・メイドナーモデル」（55ページ参照）が職業教育をその重要な要素として含んでいたため、SAFとLOが労働市場の安定に尽力するなかで、職業教育に関して発言力を増していったことである。そして、職業教育の公教育化と並行して、SAFとLOは広く教育一般に関しても発言力をもつようになった。SAFは、1980年頃には雑誌やラジオなどのマスメディアを用いてラディカルに世論に働き掛け、特に学校に対して強く主張や情報発信を行い、反政府の草の根運動を取り込んで意見形成を進めていたと言われている。[20]

（2）　SAFによる高校審議会批判

改革の方法と方向性について

　SAFは、高校審議会の議論では諸企業から提示された重要な課題が十分に解決されておらず、また取り上げられてすらいない論点もあると批判し、1981年、SAF内に教育改革を検討する委員会を設置した。[21] その委員会は、レミス意見を出して高校審議会の提案した教育課程を批判するとともに、独自の新しい高校を構想して改革提案書をまとめた。

　高校審議会の提案に対するSAFの第一の批判は、次の点にあった。「学校教育システムは、幼稚園から研究まで、またあらゆる職業教育を含めた一つの統一体だが、高校審議会の提案は高校を単独で扱っている」[22]。高校に生じている問題は、高校が原因で生じているものばかりではない。教育システム全体を見て原因を突き止め、解決策を探る必要がある。そのためにも、教育改革は基礎学校から始め、高校入学、大学入学といった接続の問題を考慮し、コンブクス（56ページ参照）や職業訓練機関などとの連携も行う必要がある、というものであった。

　もっとも、前章で検討したように、高校審議会も基礎学校、大学、コンブクス、職業訓練機関との接続に言及していた。しかしSAFは、接続部に留まらず、これら関係教育機関の変化も含めて公教育システム全体を構想する

ことを主張したのである。例えば、基礎学校の最終3年間は、高校教育を意識して、生徒の関心を明確にするために学習テーマの選択を多く行う独立したレーロプランを設定する。また、大学については、それぞれの地域に根付いた商業、工業、福祉分野の高等教育機関（lokal högskola）をつくることを提案した。

　加えて、高校審議会の改革戦略については、中央集権的に新しい高校を構想して改革を進めようとする方針を批判した。[23]高校審議会が各自治体での実験に注目するのは、その結果を取り入れて構想をつくるためにすぎず、改革の方向性が決まれば、中央が実践の詳細まで厳密な文書によって制限することになる。それは、学校現場を受け身にし、独自の開発活動を阻害するのみならず、共通理解や準備に時間がかかり、中央でつくった構想と各地方や学校の実施状況との間にひずみを生む、という意見であった。

　SAFは、新しい構想のなかに市の自由裁量を認め、継続的な独自の開発活動を位置づけようとした。その各地の状況に合わせて学校は独自の取り組みを行い、中央は継続的な検討とレーロプランの改善を行う。このような地方と国の協力関係によって、継続的な学校開発と漸次的な改革を実施すべきだと主張したのだった。

高校の教育課程について

　高校審議会が提案した教育課程についてSAFは、入学時の3セクター区分、および初年次2学期間の共通教育課程に強い異議を唱えた。
　まず、社会の産業分野を意識して設定したと高校審議会が説明する「経

---

[20]　Lundahl, L., *Op. cit.*, 1998, s. 121.
[21]　Svenska arbetsgivareföreningen, *Den stora skolreformen: Om att utveckla den svenska skolan snabbt och därför med stor varsamhet*, Stockholm: Näringslivets Förlagsdistribution, 1982, s. 5.
[22]　Svenska arbetsgivareföreningen, *SAFs yttrande över gymnasieutredningens betänkande "En reformerad gymnseiekola（SOU 1981:96）"*, Stockholm: Svenska arbetsgivareföreningen, 1983, s. 2.
[23]　*Ibid.*, s. 11-12.

済」「社会」「工業」という3セクター区分は、産業分野の区分として不適切であると批判した。例えば、芸術教育は高校審議会の構想では社会プログラムの一部になるが、絵画、ダンス、ドラマ、音楽は商業として経済活動に結び付いているものもある。この例のように、社会での活動には様々な側面があるので、教育課程にそのまま対応させることはできないと主張した。[24]

そして、初年次2学期間の共通教育課程については、希望進路がはっきりしている生徒にとっては物足りないと批判した。例えば数学は、高校審議会の提案では全員が2学期間基礎科目を履修し、その後継続する発展的な科目の履修を選択することになっている。しかし、専門教科の学習に発展的な数学が必要な自然科学や工業系ラインでは、もっと早くから数学を深く学ぶ必要があった。

このような専門性を考慮して、SAFは入学時からの専門分化を主張した。それは、多くの生徒は高校入学以前から就職か進学かという方向性をはっきりもっているとSAFが捉えていたためでもあった。高校審議会は中退理由の分析をもとに専門分化を遅くすべきだと主張していたが、その主張は、ほんの一握りの生徒の状況を過度に一般化していると反論した。

もっともSAFは、職業系のラインと進学系のラインとを同等なものにしようとする高校審議会の理念は支持していた[25]。しかしながらそれは、共通教育課程を打ち立てることによってではなく、進路希望の変更を容易にすることで実現されるべきだと考えていた。つまりこれは、一定期間の学習の後に全員が改めて進路を吟味する機会が与えられるか、あるいは在籍するラインで履修しない教科を追加履修する機会が保障されることで実現される。これらの手段によって、入学時のライン選択を決定的なものにすることを避けようとしたのである。

(3) SAFが提案した教育課程

以上のような主張を実現するためにSAFが構想したのは、2年制のラインを基本とする高校だった。当時の2年制の職業系ラインを基本的に保持し、

3・4年制の進学系ラインについては、初めの2年間のみを正規の高校教育として、3・4年目を高校教育とは別の進学準備教育として独立させるという構想だった。

　つまり、この提案では、高校入学にあたって生徒は2年間の教育のみを選択する。この時の選択肢は、当時存在したライン数より少なくし、広い分野を統合する。例えば、進学志望者向けのラインは、「人文・社会科学・経済（HSE）」と「自然科学・技術（NT）」の2ラインとし、就職志望者向けには「建築」「電子工学」「工業」などのラインが示された。

　そして、2年間の教育の後、全員に進路選択の機会が再び与えられる。そこでは、直接あるいは職業技術の完成教育の後に労働生活に移行するという選択肢や、人文、社会科学、自然科学いずれかの分野の大学入学準備教育を受けるという選択肢のほか、進学系ラインの教育を基礎とした職業技術教育を受けたり、前述した商業、工業、福祉などの地域の大学に進学したりするという選択肢が提示された[26]。

　この構想の特徴は、入学時から各分野の専門性を明確に打ち出した教育を行い、2年間ののちに再選択の機会を設ける点にあった。

　早期からの専門教育によって各分野の専門性の深まりが保障でき、生徒は、現実の労働市場からは一定程度守られた高校のなかで試行的に何らかの専門分野について学習し、そのうえで自分の興味や適性を考慮に入れて、再び進路を考える機会を得る。そのため、各ラインでは、それぞれの分野の専門教育が重視され、意欲がある生徒はさらに専門教科を追加履修して、一層専門的な内容を学習できるようにすべきとされた。これらの専門教育や大学進学準備教育に関しては、高校とコンプクスとの連携を強めて効率化を図ることが目指された。

　もっともSAFは、今後の社会においてはあらゆる職業において広い知識が必要になるという認識から、職業系ラインのなかに一般教科を設定する必

---

(24)　*Ibid.*, s. 14.
(25)　*Ibid.*, s. 6.
(26)　*Ibid.*, s. 24.

要性については認めていた。また、個人の興味に沿った学習も大切だと考え、個人選択教科を積極的に位置づけていた。

SAFは、ラインを越えて、さらには学校を越えて選択教科を共通化して、選択教科を履修する際に多様なラインの生徒が出会うようにすることを提案した。また、このような選択教科をコンブクスや職業訓練機関と連携して行

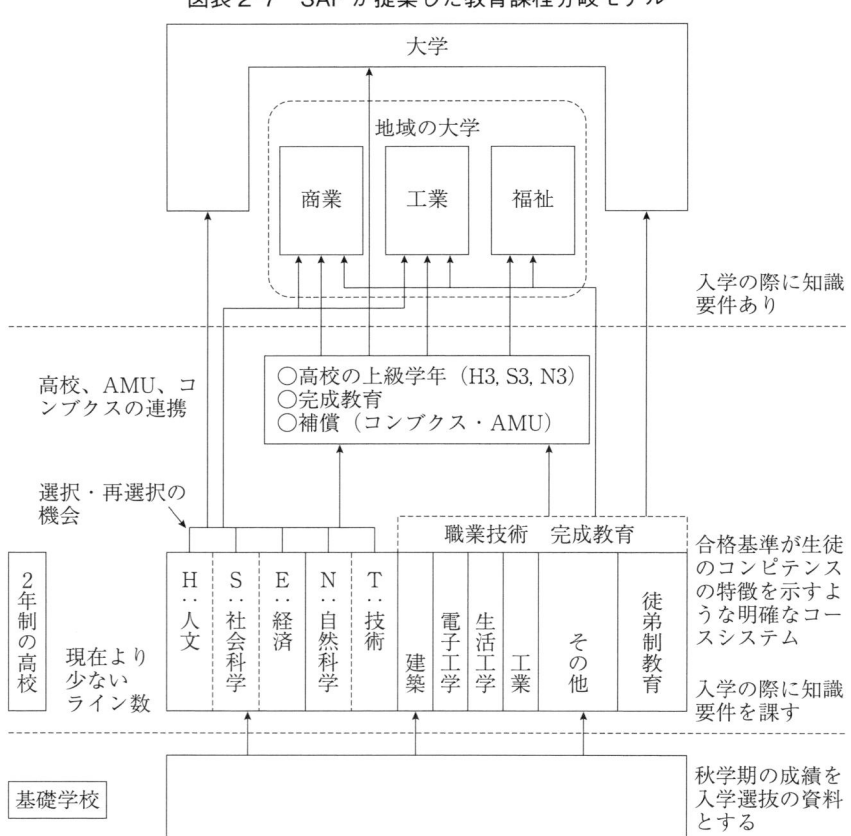

図表2-7　SAFが提案した教育課程分岐モデル

［大学］
　地域の大学
　　商業　工業　福祉

入学の際に知識要件あり

高校、AMU、コンブクスの連携

○高校の上級学年（H3, S3, N3）
○完成教育
○補償（コンブクス・AMU）

選択・再選択の機会

職業技術　完成教育

2年制の高校

現在よりラインが少ない数

H：人文　S：社会科学　E：経済　N：自然科学　T：技術

建築　電子工学　生活工学　工業　その他　徒弟制教育

合格基準が生徒のコンピテンスの特徴を示すような明確なコースシステム

入学の際に知識要件を課す

基礎学校

秋学期の成績を入学選抜の資料とする

出典：Svenska arbetsgivareföreningen, *SAFs yttrande över gymnasieutredningens betänkande "En reformerad gymnasieskola（SOU 1981: 96）"*, Stockholm: Svenska arbetsgivareföreningen, 1983, 裏表紙より筆者が訳出。

ったり、放課後や休暇期間などの時間を利用して行う可能性も示唆している。

　その提案にあたっては、実際の例として、ライン区分を越えて毎週数時間の自由選択教科を、ある学校または複数の学校のすべての生徒を対象に設定しているエッケル島（Öckerö）地域の取り組みが紹介された。[27]エッケル島の生徒は、学期ごとに教科やプロジェクトなどの選択を行い、芸術・実技分野、スポーツ、言語、自然科学、工業、歴史など多方面の教科を選択履修していた。

　職場実習に関しては、高校審議会はすべての生徒に毎年3週間以上の職場実習を課すことを提案していた。これに対してSAFは、職場における学習の重要性は認めつつも、実習を全員に義務づけることには反対した。当時、全員参加の職場体験は基礎学校の高学年で行われていたからである。「PRAO（praktisk arbetslivsorientering）」（実際的な労働生活へのオリエンテーション）と呼ばれるこの職場体験は、1940年代半ばに始まって1950年代に広がり、1969年以降、9年生全員に2週間の職場体験を義務として課すものとなった。一般的な労働生活や労働社会に関する学習で、実習場所確保の困難さが指摘されていたものの、社会見学も加えるなど内容の工夫が行われてきていた。[28]

　これと「同じ機能をもつ活動を、特定の職業・教育分野に明確に方向づけた高校生に対して行う必要はない」というのがSAFの主張だった。[29]さらに、一つの分野に専門化した後には、3週間程度の実習期間では短すぎると考えていた。

　ただしSAFは、高校教育において職業や労働の現実を学ぶ必要性は認め

---

[27] Svenska arbetsgivareföreningen, *Op. cit.*, 1982, s. 125.

[28] Fredriksson, I. Skola och arbetsliv, I *SOU 1981:97*, 1981, s. 125–126. PRAOは、開始当初は「PRYO（praktiskt yrkesorientering）」（実際的な職業へのオリエンテーション）という名称であり、基礎学校修了後に社会に出る生徒や専門的な職業教育を受ける生徒を念頭に置いた、特定の職業分野に関する内容であった。1971年に高校が発足して、基礎学校修了後に直接職業に就く生徒が減ったことに伴って教育内容が変化し、その内容の変化を反映して1980年のレーロプラン改訂で名称が変更した。

[29] Svenska arbetsgivareföreningen, *Op. cit.*, 1983, s. 29.

ており、学校と職場の両方で教育を行うことを重視していた。職場での実習は、あくまでも各専門分野に関して学校で学んだ理論的な事柄を実際に見たり試すことや、実用的なスキルを実際場面のなかから学ぶことにある。学校と職場それぞれの役割を明確化したうえで、各分野に必要な形での実習を行うことを求めたのだった。

4 漸次的な専門分化か、変更可能な早期の選択か

　高校審議会が在学中の漸次的な専門分化を主張したのに対して、SAFは入学時からの専門教育を主張した。ただし、早期からの進路の固定化は否定しており、そのために2年後に進路の選択機会を設けた。

　SAFの主張は、教育課程編成や実際の運用面については言及しておらず、直接的に学校現場に影響があったわけではなかった。しかしその構想は、課題とされていたラインの途中変更の可能性を、他教育機関との関わりを考えることによって示したという点で意味のある提起だった。途中でのライン変更を可能にするために重要なのが、教育課程の一部だけを扱う教育機関であり、コンブクスや労働市場の職業訓練がこれを担うこととされた。このSAFの構想は、高校教育のみに焦点を当てていたのでは生まれないのである。

　そしてSAFは、労働市場においても産業の発展などに伴って人々が柔軟に学び続け、労働力の流動性が保たれている社会を理想像として描いていた。こう考えると、高校審議会とSAFの構想の違いは、生徒がいつ進路を選択するかに留まらず、高校と義務教育とのつながりを考えるか、それとも高校と労働市場や成人教育とのつながりを考えるかという重点の違いであり、さらには社会像や人生モデルにつながる問題でもあったと言える。このように、高校の専門分化をめぐる議論は、公教育や社会のグランドデザインに関わる議論でもあった。そして、それは机上の空論ではなく、それぞれの地域の状況に応じて、実際の試行を通して検証された。

高校審議会の提案と、それに対するレミスでの意見を総括して出された決定は、入学時の広い分化から徐々に狭く分化するという方針は支持するが、具体的なモデルについてはほかにもあり得るため、5年間の実験期間を設けて各市で実験と検証を行い、段階的に改革を進めるというものだった。[30] つまり、審議会が提案した教育課程改革の実施は見送られたのである。

　こうして、高校の教育課程開発の実験活動に予算が付けられ、1984年から全国各地で多様なプロジェクトが行われた。そこでの主なテーマは、学校内の学習環境の整備のほか、職場実習、ライン分岐、高校とコンブクスの連携だった。[31] なお、職場実習については、審議会の意見を引き継いで、毎週3週間の実習を生徒全員に行うことが推奨された。ただし、実験のなかで各現場の状況に応じた形で実施することが認められた。

---

[30] Prop. 1983/84:116

[31] Skolöverstyrelsen, *Gymnasieskola i utveckling: Försöks- och utvecklingsarbete i gymnasieskolan 1984–1990. Slutrapport*, Stockholm: Skolöverstyrelsen, 1990, s. 13–18., Länsskolnämnden i Stockholms län *Försöks- och utvecklingsarbete i gymnasieskolan 1984/85–1989/90. Slutrapport*, Stockholm: Länsskolnämnden i Stockholms län, 1990.

第3章

職業教育をめぐる研究と議論

1982年　社会民主党政権
1984年　高校職業教育検討委員会（ÖGY）（～1986）
　　　　SOU 1986: 2, 3『3年制職業教育』
　　　　フリーコミューン実験（～1991）
1986年　高校職業教育3年制化の実験（～1991）
1989年　高校職業教育3年制実験の評価委員会（UGY）（～1992）
　　　　SOU1992:25『高校職業教育3年制化の実験評価』
1990年　Prop1990/91:18『学校の責任について』

毎年、塗装専修2年生の生徒が校内を塗りかえる
（Fredrika Bremer gymnasiet Fredrik）

1984年から始まった教育課程開発の実験プロジェクトに参加した多くは進学系ラインだった。職業系ラインについては、実験の前にまず包括的な改革議論が必要という考えから、教育省は1984年6月に「高校職業教育検討委員会（Översyn av gymnasieskolans yrkesinriktade utbildning：ÖGY）」を設置した。

当時、約半数の生徒が職業教育を主とするラインや特別コースに通っており、これらのカリキュラムを、産業構造の変化や科学技術の発展、各地域の状況に柔軟に対応させることが強く求められていた。ÖGYの検討対象は職業系ラインに限定されていたが、その議論は進学系ラインを含んだ高校全体を考慮したうえで行われ、教育課程全体に関わる議論であった。そして実際に、1990年代の高校改革に直接的に結び付いた。

1　背景──規制緩和と地方分権化

1976年選挙で誕生したブルジョワ政権への期待は、中央政府の財政赤字、国際収支の赤字、失業増加といった危機に対して効果的な施策を打ち出せなかったために少しずつ失われていった[1]。もっとも、これらの問題の原因を当時のブルジョワ政権の非力と見るか、それ以前の社会民主党の政策に起因させるか、国内政党が影響を及ぼしえない国際的な展開のためと捉えるかは評価の分かれるところである。

いずれにせよ、社会民主党の構築した福祉国家からの大規模なシステムの変更は起こらないまま、1982年の選挙で社会民主党が再び政権の座に戻った。しかしながらそれは、決して旧来の中央集権的な社会の存続を意味していたわけではなかった。1980年代以降のスウェーデン社会では、急激に規制緩和と分権化が進められたのである。

社会民主党は、1976年に下野した要因が行政の官僚化にあったという認識に立ち、まず分権化を軸とした官僚制改革に着手した[2]。官僚制から市民を守る砦として市民省（civildepartmentet）を設置し、「サービス文化」「目標

に基づく管理」「規制緩和」「セクショナリズム打破」「分権化と民主化」「選択の自由」などをキーワードに改革を進めた。これらのキーワードには、「民営化」の文字こそないものの、大きな政府を目指す旧来の社会民主主義理念の修正を図るという意思が明確に表れている。

　これに呼応するように一部の市から規制緩和を求める動きが起こり、それに市民省が素早く反応して、市の行政委員構成や学校長の権限などに関する中央政府の規制を暫定的に棚上げできる「フリーコミューン実験（frikommunförsök）」が1984年に開始された。この実験の中心は教育に関する事項だった。また、それ以外にも、育児、介護などの領域で市民が利用者として行政と交渉できる仕組みが追求され、分権化や個人化を進めた新しい社会の仕組みが整えられようとしていた。

　もっとも、分権化によってサービス供給にばらつきが生まれると、それまでスウェーデンが基本としてきた普遍主義的な福祉政策の根幹が脅かされるという理由から、福祉行政の中心を担っていた社会省や教育省は様々な形で改革に抵抗をした。また、それまで社会民主党の政策決定に強い影響を与えていたLOは、「企業」「市場」をモデルとするこの時期の公共セクター改革に対して、経済的な富の再分配が不十分であり、社会民主党が右派の意見に耳を傾けすぎているという批判を表明していたという[3]。このように意見の対立があったものの、社会は分権化の方向に着実に進んでいた。

---

(1)　ハデニウス・S著、岡沢憲芙監訳、前掲書、2000年、127〜155ページ。
(2)　宮本太郎『福祉国家という戦略——スウェーデンモデルの政治経済学』法律文化社、1999年、229〜231ページ。
(3)　Lundahl, L., *Op. cit.*, 1998, s. 115–116.

2 高校職業教育検討委員会（ÖGY）による議論と教育課程の構想

(1) 短期間での現状分析と共通目標設定の主張

　ÖGYには、元学校局長官のスベン＝オーケ・ヨハンソン（Sven-Åke Johansson）を委員長に、コミューン連合会、ランスティング連合会、SAFやLOなど労働市場に関わる全国組織などの代表者10名の委員と、12人の専門委員が参加していた。[4] その任務は、第一に長期的・短期的な視野から職業教育に対するニーズを分析して今後の教育改善の方策を提案することであった。そして第二は、公教育と労働市場との間で職業教育の責任を配分する方法を検討することだった。

　1970年代の審議会と異なって、1年余りで議論をまとめることが求められたために独自の調査研究を大規模に行うことはできず、調査活動は、職場実習の量および職場実習の規定に関する調査と、職場実習の費用に関してコミューン連合会やランスティング連合会と共同調査を行うに留まった。[5] そのほか、議論の資料は主に文献資料とヒアリングであった。ヒアリングは、20に及ぶ産業分野の職能団体、教育学研究グループ、学校長、教師、生徒会全国組織などを対象に行われた。

　ÖGYは現状調査をもとに、各職業の仕事内容が広がって相互に重なり、伝統的な職業区分が不明瞭になってきているため、学校での専門分野と労働市場の職業との結び付きが弱くなっており、「もはや今までのように、高校職業教育の多様性を職業分野に結び付けることはできない」[6] と考えた。

　これは、高校のライン分岐構造の変更を必要とすると同時に、各ラインの教育内容に関する変更を求めるものでもあるとÖGYは主張した。すなわち、それまで各ラインのコースプランはそれぞれの分野の専門家が独自に作成していたが、ÖGYはラインを越えて、「多くの職業分野で共通して有益なコンピテンスを目標に据え、コースプランを作成すべき」[7] と提起したのである。

仕事現場では単純作業が減少しており、長期の学校教育によって身に付く専門的な知識と能力および豊かな教養を必要とする仕事や、あるいは、企業独自の教育と勤労経験によって身に付く、その特定の職場や活動で重要な役割を担う仕事が増加している。そのため多くの人々が、一般教育と企業での専門教育とを含めたトータルな教育を必要としている。このことから、職業系ラインにおいては一般教育を拡大しつつ、企業と連携した現実的な職業教育を増やすことを主張したのである。

また、様々な職業において高度な技術が必要とされているという状況から、職業系ラインにいながら継続教育を志望する生徒の割合が高くなると予測した。職業系ラインで学ぶうちに、さらに専門的な学習を続けたくなったり、職業ラインを修了して仕事に就いた後に再び大学入学を考えたりする人が増えると見込んで、職業ラインからも大学進学を可能にすることが望ましいと考えられた。

以上のようにÖGYは、社会の現状把握と将来予測を出発点に高校の教育課程編成の方針を立てた。その方針は、ライン横断的に多くの職業分野で必要なコンピテンスを目標に据えてコースプランを編成すること、すべてのラインに職業教育と一般教育の両方を含めること、そして、どのラインからも大学進学ができるようにすることだった。

(2) ÖGYが提案した職業系ラインの教育課程

ÖGYが提案した教育課程の最大の特徴は、当時2年間で行われていた職業系ラインの教育を3年間に延長するというものであった。職業系ラインを長期化する構想の背景には、上述した現状把握に加えて、当時の高校職業教

---

(4) Arbetsgruppen för översyn av den gymnasiala yrkesutbildningen, *En treårig yrkesutbildning. Del 1 Riktlinjer för fortsatt arbete*（*SOU 1986:2*），1986, s.5-6.
(5) Ds U 1985:9 Avtal om arbetsplatsförlagd utbildning., Ds U 1985:13 Yrkesutbildningen inför 1990-talet., Ds U 1985:15 Kostnader för gymnasieskolutbildningen.
(6) *SOU 1986:2*, s. 82.
(7) *Ibid*.

育の質に対する問題意識があった。

当時、2年制の職業系ラインは、修了後に企業で完成教育を行うことを前提に計画されていた。しかしながら、その完成教育や訓練が提供されているのは一部の分野に留まり、多くの分野では教育のための契約が正式に行われてはいなかった。[8]このような分野ごとの格差を縮小し、全体として職業教育の質を高めるために、ÖGYは完成教育を確実に実施する必要があると考え、この実現を、高校の教育年数を1年延長することで行おうとしたのである。

つまりÖGYは、職業教育を、高校で行う基礎教育と修了後の完成教育とに分けずに、3年間の高校職業教育で入門から十分な完成教育まで計画し、すべての分野に関してこれを構築しようとしたわけである。よって第3学年は、高校教育の一部ではあるが専門化した職業分野の完成教育を行う期間であり、労働市場への移行を強く意識した期間として構想された。

その教育課程の基本モデルは**図表3-1**のように示された。

各ラインでの専門化のプロセスにおける一般教科と専門教科のバランスを

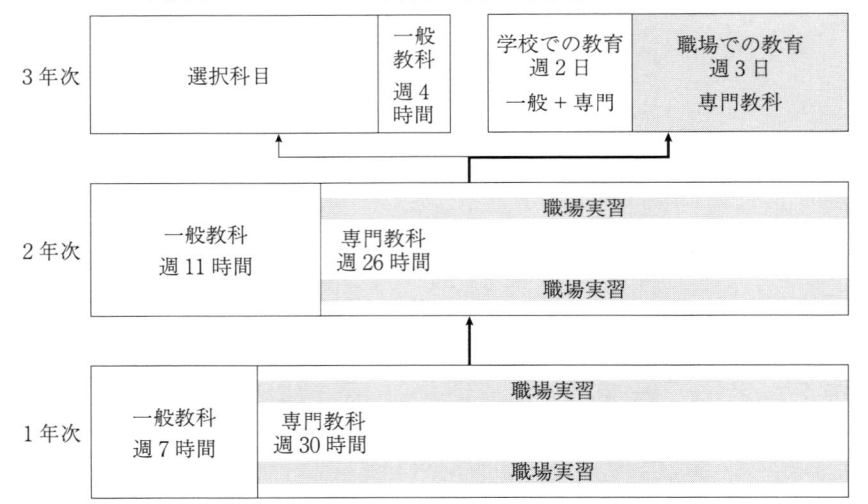

図表3-1　ÖGYによる高校3年制職業教育の基本モデル

学年			
3年次	選択科目	一般教科 週4時間	学校での教育 週2日 一般＋専門 / 職場での教育 週3日 専門教科
2年次	一般教科 週11時間	専門教科 週26時間	職場実習
1年次	一般教科 週7時間	専門教科 週30時間	職場実習

出典：SOU 1986:2 s.113を筆者が訳出。

示したこのモデルからは、一般教科と職場実習の拡大という ÖGY の狙いを明確に見ることができる。

一つ目の特徴である一般教科に関して ÖGY は、第 1 学年に週 7 時間、第 2 学年に週 11 時間、第 3 学年に週 6 時間を配当した。教科の種類は、当時の職業系ラインの教育課程を踏襲して、スウェーデン語、体育、1 教科の選択を置き、これに新教科「経済・社会問題」を加えた(9)(**図表 3-2 参照**)。

図表 3-2　ÖGY が提案した高校職業教育における一般教科のタイムプラン

教科	1 年	2 年	3 年
スウェーデン語	2	3	2
経済・社会問題	—	2	2
体育	2	2	2
選択	3	3	—
計画	—	1	—
合計	7	11	6

注：1 週間（= 37 授業時間）当たりの授業時間数。1 授業時間は 40 分。
出典：SOU 1986: 2 s.155 を筆者が訳出。

「経済・社会問題」は、当時、職業系ラインで提供されていた教科「労働生活入門」に代わって設定された。「労働生活入門」は社会と労働生活についての知識を与える教科だったが、生徒や学校関係者から内容が有益ではないという批判が向けられていた。ウプサラ大学の政治学研究所が 1965 年生まれの生徒を対象に行った学力調査において、職業系ラインの生徒と高校に行っていない生徒を比べると、社会や政治についての知識が同程度だったという結果が報告された。この結果が、高校での「労働生活入門」の学習は社会についての関心や知識を高めていないという批判を裏付けた。

ただし、社会についての知識や労働生活に関する学習はすべての生徒にとって重要と考えられ、「労働生活入門」の内容は「社会科」と新教科「経済・社会問題」に分配された。

第 1 学年では一般教科の時間数が比較的少ない。この理由は、「第 1 学年から、生徒が各ラインの職業専門教育を受けられるようにする」(10)ためだった。

---

(8)　Ds U 1985:9
(9)　*SOU 1986:2*, s. 153.
(10)　*Ibid.*, s. 115.

そして第1学年では、一般教科の内容を専門分野に結び付けることが重視された。そうすることで、理論的な一般教科の学習に関心の低い生徒も学習意欲がもてるようにするという配慮だった。

当時、職業系ラインの生徒から、全員必修のスウェーデン語が専門分野の学習と乖離（かいり）しているという批判が出されていた(11)。将来の生活において語学は必要ではあるものの、高校でのスウェーデン語の授業は専門教科との結び付きが十分でなく、意味が感じにくいという指摘だった。この課題を乗り越えるためにÖGYは、一般教科の教材を、各専門分野の特色や文脈に合わせて変化させることを主張したのだった。

ただし、一般教科の授業を専門分野に合わせることは、各ラインの教育を特定の狭い分野に限定することを許容するものではなかった。前述したように、ÖGYは職業区分の不明瞭化を踏まえて特定の狭い分野への専門化は否定しており、かつ専門性と教養を兼ね備えた人を育てようとしていた。そのため、第2学年の一般教科の授業は「専門教科から離れてその教科独自の内容を増加させる」ことを原則とした(12)。

例えば、スウェーデン語であれば、スウェーデンの文学的文化遺産を生徒に伝承するといったように、一般教科の目的として、生徒の人間性の成長や豊かな余暇を楽しむための土台と知識を与えることが強調された。ライン制の職業系ラインにおいてスウェーデン語の学習が第1学年のみであったことに比べると、量的にも質的にも内容が増加していると言える。

二つ目の特徴である職場実習についてÖGYは、第3学年での各職業分野の完成教育においては、実際の生産現場を知る職場実習が重要と考えた。当時の高校の職業教育の中心は学校での座学や技術訓練だったが、一部のラインではすでに多様な形での職場実習が行われていた。

職場実習については、約90％の生徒が「とても有益である」と感じており、概して実習期間が長いほうが有益さを感じる生徒の割合が高かった。「8週間の実習でちょうどよい」と答える生徒は約半数で、「もっと短いほうがよい」と答える生徒は1％のみで、残りの生徒の大部分が「もっと長いほうがよい」と答えていた(13)。

第 3 章　職業教育をめぐる研究と議論　89

図表 3-3　学校での教育と職場での教育の特徴

	学校での教育	職場での教育
長所	・長期の教育も短期の教育も可能である。 ・目標達成に最適な教育環境を用意するために、特別な授業環境、機器、設備を用いることが出来る。 ・レーロプランの意図を理解し、一般的な広い基礎知識を提供出来る。教育的に質が高く、教育を受けた教師がいる。	・現実的で実際の環境である。 ・モダンで技術的で最先端の設備を用いることが出来る。 ・能力の高い職業活動が行われている。
短所	・常に最先端の機械や設備を用いられるとは限らない。 ・生産規模が大きくなることはないため、現実的なイメージを得にくい。	・物事のテンポが速く、学習環境としては最善ではない。 ・たいていの場合、教育を受けた教師や指導者がいない。 ・レーロプランの意図が伝わっておらず、達成されないことがある。 ・教育が一面的で、限定的な職業能力しか身に付かない。

出典：SOU 1986: 2 s.109-110 を筆者が訳出。

　これを根拠の一つとして ÖGY は、職場実習の長期化を進めようとした。ただし、単純に期間を長くすればよいと考えたわけではない。学校での教育と職場での教育の長所と短所を相互に補い合うようにバランスよく配置する必要があると考え、両者の長所と短所を分析した（**図表 3-3 参照**）。そして、実習の蓄積がある福祉や建築分野の実践における成果と課題を参考に、その期間や方法を構想した。

　職場実習の長さは、標準として第 1・2 学年では全教育課程の 10% 以上、すなわち 8～16 週間が適当であるとされ、第 3 学年は約 60% に当たる毎週 3 日間を含むことが提案された[14]。第 1・2 学年の配分については、第 2 学年

---

[11]　*Ibid.*, s. 149.
[12]　*Ibid.*, s. 115.
[13]　*Ibid.*, s. 109.
[14]　*Ibid.*, s. 110-112.

に幾分まとまった職業教育を行うことが適切であるとされたが、その一方で第1学年でも、情報を与え関心や動機を高めるために2週間以上の職場実習を設定することがすすめられた。

　ただし、この時間的規定はあくまでも大枠を定めるものであり、現実的には学校、ライン、または生徒ごとに時間は異なってよいとされた。「最も重要なのは、教育にかける時間ではなく、教育目標である」[15]という考えから、時間に関する規定に柔軟性がもたされたのである。

　時間より大切とされた目標と実習内容については、コースプランで定められた。ただし職場実習では、日常の生産活動のなかでこそ学べるものを学ぶことが重要とされた。つまり、職場は教育機関になるのではなく、日常の生産を続けることが重要であり、特に第3学年の職場実習においては、活動内容は職場の日常の活動に応じて変化させてよいとされたのである。

　仮に、コースプランに記されている内容がその日常の生産活動において網羅できなかった場合には、学校でそれを補完する学習を行う。また、実習場所の確保が困難な職業分野の状況を鑑みて、第3学年の学習は、完全にもしくは部分的に学校での学習に変えることが認められた。

　以上の職場実習をめぐる議論には、職場実習に限らず、教育課程を編成するうえでの一般的かつ重要な論点が新たに出てきている。それは、時間ではなく教育目標を重視する主張である。これまでは、タイムプランによって授業時間が規定されていた。すなわち、学習にかける時間で教育課程が編成されていたのである。しかしながら、職場実習については時間に関する規定が柔軟に捉えられ、目標が重視されることになった。このことは、授業時間数ではなく目標を達成したかどうかによって教育をコントロールするように転換する提起となったのだった。

(3)　モジュールシステムへの着目

　以上のように、ÖGYの提案の特徴は、教育内容について一般教科と職場実習を増加させる点と、学習の修了認定について時間数よりも目標達成を重

視する点にあった。さらに ÖGY の提案には、教育課程編成のシステムに関しても重要な特徴があった。それは、労働省による成人向けの職業訓練において利用されていた「モジュールシステム（modulsystem）」に着目したことによって生まれたものだった。

　モジュールシステムとは、各職業分野で必要とされる具体的なスキル毎に教育内容を細分化して、その各々を「モジュール」と呼び、それを単位として教育課程を編成するシステムである。その源流は、大学教育において教育プログラムを細分化し、各学習者が自分のニーズに合わせた学習を計画できるように開発されたシステムだった。[16]

　多様なニーズに応じるために一連の教育を細分化するという考え方が、1977 年に国際労働機関（ILO）によって発展途上国援助のための労働訓練に用いられた。すなわちそこでは、職務のなかの作業一つずつをモジュールとし、複数のモジュールが連なって一つの職務が表現された。ここではモジュールは、学習すべき内容を具体的に記した詳細な教育目標であり、かつ学習の進歩状況を明示する指標であった。ILO が報告書で紹介したことからモジュールシステムは国際的に認知されるようになり、1980 年代半ばには、スウェーデンの職業訓練機関でも広く用いられていた。[17]

　このシステムの利点は以下の 3 点にあった。
①技術の発展や企業個別のニーズなどに対応して、モジュールを入れ替える

---

[15] *Ibid.*, s. 112.
[16] Goldschmid, B. & Goldschmid, M., *Modular instruction in Higher Education: A review*, Montreal: McGill University, Center for Learning and Development., 1973., Meel, R. M. van., *Modularization and flexibilization*, Heerlen: Open University, Centre for Educational Technological Innovation, 1993, p. 8.
[17] ILO 訓練局職業訓練・指導部著、石川俊雄・宗像元介訳『ILO のモジュール訓練システムについて』（調査研究資料 23 号）職業訓練大学校、1977 年。International Labour Office, Modules of Employable Skill (MES): Principles and Practices. Geneva, 1977. http://www.ilo.org/public/libdoc/ilo/1977/77B09_511_engl.pdf、2015 年 10 月 20 日確認。モジュールシステムの具体は、職業訓練大学校・職業訓練研究センター『単位制訓練（モジュール訓練）──その理論と方法──』（調査研究資料 70 号）職業訓練大学校、1986 年。

ことで迅速に教育の質改善を図ることができる。
②モジュール毎に修得を認定することで、教師および学習者自身が学習の進捗状況を把握しやすい。
③学習者の異なるニーズに柔軟に対応して、個別の教育課程が編成できる。

ÖGYは、成人向けの教育のみならず高校においてもこれらの点が有益であると考えた。そこで、高校にこのシステムを導入すべく、職業教科を明確なスキル毎のモジュールに分割した。具体的には、それぞれの分野の職能団体の代表を交えて議論し、教育の必要性に応じて定められた。

ただし、高校においては、学習者間で既有知識やニーズの差は小さく、各専門教育について入門段階から一定の専門的なレベルまでを保障する必要があった。そのため、専門教育のモジュールはあらかじめ組み合わされて提供された。すなわち、上記の利点のうち、③に掲げた個人のニーズへの対応についてはそれほど強調されなかった。

高校におけるモジュールシステムの主眼は、技術の発展や市場のニーズに対応して職業教育の教育内容を再検討することや、生徒の学習進捗状況を明示することにあった。さらに強調されたのは、高校、コンブクス、労働市場の職業訓練機関の3者でモジュールを共通化することで教育の互換性を高め、連携を図ることだった。

3 ÖGYによる社会実験の実施と評価

(1) 全国規模での実験

ÖGYの提案を受けて、1988/89年度に社会実験が開始された。[18]すでに前年1987/88年度、500名の生徒を対象に実習長期化の実験が行われていたが、1988/89年度からの実験は、全国を網羅して行う「全面的実験（fullskaleförsök)」として計画された。大規模な全面的実験が行われた理由は、第一にその活動を実験から直接本格実施につなげるためであり、第二には、各地域の労働市場の状況を把握するためだった。高校職業教育は、地域の産業に密接に結び付いて発展してきたため、高校職業教育を包括的に検討するには、それぞれの地域に関わる全面的実験が不可欠だったのである。

実験地域は公募によって選ばれ、実際に参加したのは、高校職業教育を設置していた24県193市のうち23県93市であった。生徒数にすると、全国の職業系ラインの入学者数の約11％（約6,000人）が3年制のラインに入った。次年度（1989/90年度）には24県145市に拡大され、入学生の17％に当たる10,000人分の実験枠が設けられた。そして3年目には、24県147市において入学生の21％に当たる11,200人が3年制の職業系ラインに入学した。[19] これは、ライン別に見ると、当時全27ラインのうち1988/89年度には10ライン、1989/90年度には17ライン、1990/91年度には18ラインとなり、工業、福祉、輸送など伝統的に職場実習を行ってきたラインの参加が多かった。

実験では、前述のÖGYの基本モデルを土台にしながらも各市独自の教育課程が認められた。第3学年の長期実習が困難な場合、その実施時期や期間を変更するといったことである。それはやむを得ない変更としてではなく、専門分野や地域の事情に合わせて、労働市場と学校との協議によってそれぞれの状況に合った方法で教育の質改善を図っている望ましい例として取り上げられた。

例えば、エンゲルホルム（Ängelholm）市の運輸工業ラインでは、職場実習を主に第2学年で行った。この場合には、職場実習で満足に実施できなかった教育内容を第3学年で再び取り上げることができたり、後から企業に状

---

(18) Prop. 1987/88:102 om utveckling av yrkesutbildningen i gymnasieskolan, s. 12.

(19) Utredningen angående utvärdering av försöksverksamheten med treårig yrkesinriktad utbildning i gymnasieskolan, *Utvärdering av försöksverksamheten med treårig yrkesinriktad utbildning i gymnasieskolan : Slutrapport*（SOU 1992: 25), 1992, s. 19–22.

況を聞くなどのフォローアップが十分に行えるという長所があった。

このような各地の状況に合わせた実践が行われたことを踏まえて、実験の評価報告書では教育の質に関する重要な指摘として、これまで中央統制が過度に強かったことの危険性が指摘された。地域や各産業分野の状況、または学校や職場のキャパシティーや分布は大きく異なる。それらを鑑みて、それぞれの地域に適した方法で実践を行うことが強調されたわけである。

(2) 実験の評価

多様に展開されたÖGY実験を評価することを任務として、「高校職業教育3年制化実験評価委員会（Kommittén för utvärdering av försöksverksamheten med treårig yrkesinriktad utbildning i gymnasieskolan：UGY）」が教育省に設置され、1989年に活動を開始した。[20] この委員会の評価の中心は教育の質的問題、特に教育の大部分を職場で行いながら教育の質を高く保つことは可能か、という点にあった。

ただし、評価委員会は、実験において集められるデータから「教育の質」を議論することに対しては慎重な姿勢を取った。すなわち、実際に教育の質が高かったかどうかは、数年後に修了生が労働市場でどのような働きをするかにかかっているのであり、委員会の活動期間内に評価することはできない。よって、委員会が評価できるのは、規定や計画上のことに留まるということである。[21] 例えば、ある職業における業務遂行に必要とされている技術に対して授業内容がどの程度応じているかといった分析である。

このように前置きをしたうえで、全国の実験全体からの量的調査とともに、特定の実験地域を取り上げて具体的な取り組みおよび成果と課題の検討が行われた。ブレーキンゲ（Blekinge）県での実験について言えば、以下の10項目が評価された。[22]

　①実験決定過程
　②学校で生じた問題　（情報伝達、教師教育、施設、設備）
　③指導者養成

④コミューンの教育費
⑤第1・2学年での職場実習
⑥ライン分岐
⑦中退・退学率
⑧職場実習の内容・量・組織
⑨実習での指導者養成
⑩学年制の学校におけるモジュールシステム

　以下では、これらの評価から、教育の質に関して大きな論点であった二つの事柄に触れておく。第一に、学校で生じた問題（②）の一つとして取り上げられた、一般教科と職業教科の関連である。現実には、両者は関連がない状態であることが多く、特に一般教科の教師と職業教科の教師との間で十分に情報が共有されていないことが明らかにされた。スウェーデン語教師に生徒達の職場実習のスケジュールが知らされていなかったり、生徒が以前に学んできた学習内容が共有されていなかったりしたのである。[23]
　これを乗り越える実践として、例えば、運輸工業ラインにおいてスウェーデン語教師が運輸工業の学習に参加し、スウェーデン語の授業として運輸産業で使う事柄の説明を求めるなどといった実践例もあった。
　第二には、職場実習の内容・量・組織（⑧）である。特に職場での活動内容について、前述したように職場ではコースプランを優先させるのではなく、日常の業務を通常通り行うなかで生徒が学ぶことが重視されていた。ただし生徒には、コースプランの内容を網羅して学習する必要があった。そこで、

---

[20] Utredningen angående utvärdering av försöksverksamheten med treårig yrkesinriktad utbildning i gymnasieskolan, *Utvärdering av försöksverksamheten med treårig yrkesinriktad utbildning i gymnasieskolan : Första året*（*SOU 1989:90*），1989.

[21] *Ibid.*, s. 30.

[22] *Ibid.*, Bilaga1., Utredningen angående utvärdering av försöksverksamheten med treårig yrkesinriktad utbildning i gymnasieskolan, *Utvärdering av försöksverksamheten med treårig yrkesinriktad utbildning i gymnasieskolan : Andra året*（*SOU 1990:75*），1990., *SOU 1992:25*, s. 121-149.

[23] *SOU 1989:90*, s. 80.

職場実習の受け入れ企業を対象に、コースプランに示されている単元の内容が日常的にどの程度行われているかが調査された。

運輸・流通工業ラインの一つのモジュールが取り上げられ、そのモジュールに含まれる要素が分析された。調査結果（**図表 3-4 参照**）から、大半の要素は、多くの企業において月数回から年数回という頻度でしか行われていないことが明らかになった。

できるだけ多くの要素を職場実習で経験するには、実習を長期間にわたって行うか、複数の企業で行う必要がある。そこで、ブレーキンゲ県にあるカールスクローナ（Karlskrona）市の運輸・流通工業ラインでは、各生徒が 4 企業を経験するという計画が立てられた。企業によって取り扱う車種や職場環境、そして仕事内容が異なるため、実習期間を 4 等分して多様な企業に行くことで学習内容の偏りが防げるという考えからであった。

だが、実施するなかで、4 企業を回ると 1 企業での実習時間が短すぎることが判明した。生徒も企業も、各企業において十分に時間をかけることを望んだため、1 人の生徒が実習を行う企業数は最高 3 企業に留めることになった。このように、現実の状況を鑑みながら調整が行われ、職場実習の質の向上が図られた。[24]

以上のように、モジュールシステムは職業教育の内容を具体的に明示し、教育の質を検討するために活かされた。しかし一方、モジュールシステムの運営上の問題点も指摘された。例えば、ブレーキンゲ県では以下のような問題点が指摘された。[25]

- すべての生徒が施設・設備を好きなだけ使えるわけではない。
- 場合によっては、基礎になるモジュールを学習してから次に進む必要があり、履修順序が固定的である。
- 当時のライン分岐の教育課程は学年制を前提としており、各生徒の学習進度が異なることは想定外である。
- 学校を効率的に運営するために、生徒は多くのモジュールを並行して学ばなくてはならない。

第3章 職業教育をめぐる研究と議論 97

図表3-4 運輸・流通工業ラインの学習内容と職場での活動との対応調査結果

運輸・流通工業ライン　　自動車技術専修
モジュール：応用1-3（モーター3）
目標：このモジュール修了後に生徒は、
　次のことを理解する
　　・人間工学的な視点から職場をどのように効率的にデザインすることが出来るか
　　・整理整頓が、行う仕事の質に影響する
　次のことが出来るようになる
　　・通常の個人所有の自動車に生じる、修理、調整、調節
　　・現代の修理器具の使用
　・仕事の一環として含まれるモジュールの遂行に関するマニュアルの使用

要素（単元）	行う頻度				
	毎日行う	週数回	月数回	年数回	全くない
モーター			3	15	2
モーター					
クランクシャフト（摩耗性操作、検査、交換）				5	14
メインベアリング（操作、交換）				11	10
メインベアリングのガスケット（交換）			7	5	10
バルブメカニズム（操作、交換）				7	16
ピストン（操作検査、交換）				7	15
ピストンリング（交換）				7	16
エンジンブロック			2	7	10
（操作、交換）					
（類別）			14	9	
（パッキングの交換）			10	4	
（バルブの調整を含む管理）			12	11	2
トランスミッション					
カムシャフト駆動装置（交換）		2		8	14
カムシャフトチェーン（交換）		2	1	7	12
カムシャフトベルト（交換）	11	2		8	3
ターボアグリゲート（操作、交換）			2	9	11
エンジン					
オイルプレッシャー（操作）		1	8	12	1
オイルポンプ（測定、交換）			2	12	8
冷却装置					
冷却装置（テスト）	13	5	4		
ラジエーター（操作、交換）		5	12	3	3
ウォーターポンプ（交換、修理）	2	8	6		
冷却ファン（温度調整、交換）			6	5	11
ファンベルト（テスト）	12	5	6		
冷却装置（テスト）	6	3	7	4	
計	44	33	99	146	156

回答企業＝24社。全ての企業が全項目に回答したわけではない。

出典：SOU 1992:25, Bilaga 2, s.139 を筆者が訳出。

これらの点は、各生徒のニーズに合わせてモジュール編成を行う際の障壁と言える。つまり、モジュールシステムは原理的には学習の個別化を可能にするものだったが、現実的には、学習内容をモジュールに分割しても生徒個々人のニーズに合わせた教育課程を編成するのは困難だった。

このように、現実の社会実験を通して構想と現実とのギャップから来る課題が明らかにされ、構想を実施可能な形に修正しながら教育課程改革が進んでいった。

4 高校全体の教育課程の見直しへ

1980年代後半は、高校職業教育をどうするのかということが初めて高校教育課程の改革の中心的な論点となったと言える。ÖGYは、産業構造の変化や国際化、労働市場で求められる労働者像の変化を背景に高校職業教育の質を向上させようとした。そのために、職業系ラインを3年制化して一般教育の拡大と職場実習の充実を提案し、全国的な社会実験を通して具体化を図った。

その教育課程の基本モデルにおいて、一般教科の種類はスウェーデン語、体育、一教科の選択に「経済・社会問題」を加えるという、基本的にライン制のコースプランを受け継いだものであったが、年限の延長に伴う量的な増加が見られた。また、職業教科については、職場での実習が学校での学習と交互に位置づけられ、現実社会と結び付いた学習が重視された。

このÖGYの議論は職業系ラインの質的向上を掲げたものではあったが、教育年限の長期化や大学進学可能性の拡大という点で、進学系ラインと職業系ラインの差異を縮小する役割を果たした。そして、職業系ラインの教育の質、とりわけ専門教育の質が専門分化の時期や教科の履修時間によって語られるのみではなく、モジュールシステムの採用によって教育内容をより具体的に明示化しながら検討された。このように、実質的な教育の質向上という視点から提起された改訂が、結果として高校全体の共通性を高めることに結

び付いたのである。

　学科の再編に関しては、入学時の広い分化から徐々に狭く専門化していくという原則が、学校現場の状況に合わせて具体化されていった。ただしその主眼は、学科の再編よりは教育の質向上にあったと言える。学校現場の実験をもとに、教育の質を重視して改革を進めるというÖGYが提示した特徴は、教育課程編成についても、改革戦略についても、1990年代の改革の重要な素地になったのだった。

⑷　*SOU 1992:25* s. 137-138.
⑸　*Ibid.*, s. 141.

第4章

1990年代の改革
―― すべての学科が平等な高校へ

1990年　Prop. 1990/91:18『学校の責任について』
1991年　Prop. 1990/91:85『知識と共に成長しよう：高校と成人教育について』
　　　　高校改革（1994年まで導入期間）
　　　　レーロプラン委員会（läroplanskommitté、～1992）
　　　　　SOU 1992:94『陶冶のための学校』
　　　　右派連立政権（～94年）
1993年　Prop. 1992/93:250『高校、コンブクス、特別支援高校、特別支援成人教育のための新しいレーロプランと新しい成績システム』
1994年　義務教育のレーロプラン：Lpo94
　　　　任意で受ける教育のレーロプラン：Lpf94
1994年　高校開発委員会（kommittén för gymnasieskolans utveckling、～1997）
　　　　　SOU 1997:107『新しい高校――課題と可能性』

多くの高校にはスタッフ全員の写真付名簿が掲示されている（Lindholmens Tekniska Gymnasium）

1980年代の様々な実験を経て、1990年代前半に高校の学科構成や教育課程は大きく変更された。それは、1970年代の高校改革で課題として残されていた学科間の分離や格差を乗り越えることを第一の目標に置いた改革だった。本章では、その改革がどのように行われたのか、どのようなレーロプランが実現したのかを検討する。

1 総合制の深化

(1) 経済危機と自由化のなかで行われた三つの国会決議

1990年代の高校改革は、不安定な社会経済情勢のなかで議論された三つの国会決議をメインに進められた。まず、その流れを見ておこう。

オイルショック以後の経済政策において1980年代に金融規制緩和が進められるのと同時に、教育分野でも自由化が進められたた。前章で触れた地方自治体や学校の裁量を拡大するフリーコミューン実験や、ÖGY実験はその流れに位置づけられる。最も強くその方向性を印象づけたのは、1990年10月に国会に出された議案『学校教育の責任について』だった[1]。これが一つ目の決議である。

この決議によって、国と地方との責任配分が大きく変わり、それまで中央集権的に運営されてきたシステムが急激に地方分権化されることになった。例えば、成人教育を含む初等・中等教育の予算配分や、教職員の配置に関して市や各学校の裁量が拡大した。国は公教育の実施について教育目標と方向を定めるのみとなり、目標達成のための教育実践については市が管轄することになった。

この「目標と評価による統制」の方向性は、教育のみではなくほかの分野にも見られた。中央当局の役割は、それまで行っていた管理統制から、各学校での教育や開発活動を支援・フォローアップ・評価することに変化し、こ

の役割の変化に伴って中央当局であった学校局は廃止・再編されて「学校庁（Skolverket）」が設置された。ここで行われた国と地方との責任配分が、1990年代の様々な教育論議を生み出したと言える。

二つ目は、1980年代の様々な実験の結果が主に反映された、1991年2月の国会議案『知識とともに成長しよう——高校と成人教育について』である[(2)]。ここでは、リカレント教育制度の整備が強調され、高校については新しい学科構成と教育課程の骨組みが提案された。そして、この決議に基づいて1992/93年度からの改革実施が決定され、決議と同時に、新しい制度にふさわしいレーロプランを作成するために「レーロプラン委員会」が設置された。

しかし、半年後の1991年9月、改革を進めていた社会民主党は1930年代以降最低となる37.7%の得票率で政権の座を降り、代わって、穏健統一党、国民党、中央党、キリスト教民主社会党の4党からなる右派連立政権が成立した。背景にあったのはバブル経済の崩壊だった。オイルショック以後の金融規制緩和を背景に1980年代後半のスウェーデン経済はバブルの拡大が顕著となり、それが1990年に崩壊し、戦後最悪の不況に見舞われていたのである[(3)]。政権交代は、深刻な経済危機、通貨危機、経済・財政危機のなかでの信用失墜の結果だった。

新しい政権は、減税、自由企業の促進、社会給付の変更、事業所有権の拡大など、自由化に向かう改革をドラスティックに進めた。もちろん、教育分野も例外ではなかった。教育改革の焦点は、地方自治体や学校や生徒による「選択の自由」にあてられ、レーロプラン委員会の議論にも影響を与えた。

こうした流れのなかで、1993年5月の国会で高校の新しいレーロプランと成績システムに関する決議が行われた[(4)]。この三つ目の決議をもとに、翌年、成人共通と共通化された「任意で受ける教育のためのレーロプラン（Läro-

---

(1) Prop. 1990/91:18 Om ansvaret för skolan.
(2) Prop. 1990/91:85 Växa med kunskaper. Om gymnasieskolan och vuxenutbildningen.
(3) 当時の危機の状況とその克服過程については、湯元健治・佐藤吉宗『スウェーデン・パラドックス——高福祉、高競争力経済の真実——』日本経済新聞出版社、2010年、62～71ページに詳しい。ハデニウス・S著、岡沢憲芙監訳、前掲書、2000年、160～183ページも参照。

planer för de frivilliga skolformerna: Lpf94)」が出されたのである。

　教育改革は予定通り進められたものの、不況のなかで社会的な関心は経済問題にあった。1990 年には 3% 以下だった失業率は、1993 年半ばには、1930 年代以降最も高い 10% 以上に達していた。景気後退に伴う国の財政赤字や国債の膨張といった問題を抱えて右派連立政権の支持率は低迷し、1994 年 9 月の選挙で社会民主党は得票率を 45.2% に上昇させて再び政権の座に就いた。

　その後、政府はインフレーションと失業に対する取り組みに専念することになった。高校改革はこうした政治経済の不安定さのなかで進められ、学校教育にはさらに効率性や経済性が求められた。(5)

(2)　学科間の共通性拡大

　1991 年の提案は、当時存在した 27 種類のラインおよび全国で約 550 種類に上る特別コースのすべてを再編して、全国共通として 16 学科を整備する構想だった。学科は、それまでの「ライン」ではなく「プログラム」と呼ばれ、全国共通の 16 学科は「ナショナル・プログラム」とされた。これは、地域に独自最良の「ローカル・プログラム」を設定したり、個人のニーズに応じる「特別プログラム」をつくる余地を残すこと、そして基礎学校レベルの学習が不十分な生徒のための「個人プログラム」を設定するという意図からであった。

　再編成の方針は、ライン分岐をもとに産業構造の変化や国際化や環境への配慮といった社会のニーズ、そして生徒の希望に対応したと説明された。(6) 説明では、自然科学と社会科学の 2 プログラムが進学系、残り 14 種類のプログラムが職業系とされたものの、中間的な性格の学科も設定されていた。それは、新設された「メディア」「芸術」プログラムだった。これらのプログラムには、職業系に分類されながらも進学準備になる学習も多く、さらに芸術プログラムには職場実習が課されなかった。

　入学・卒業の条件も在学期間もすべてのプログラムで同じになり、進学系

図表 4-1　1991 年に提示された 16 種類のナショナル・プログラムと専修

	プログラム	専修
3年制	児童・レクリエーション	
	建設	住宅・基礎建築／塗装
	電子工学	オートメーション／電子工学／設備
	エネルギー	エネルギー／VVS
	芸術	芸術とデザイン／音楽／ダンスと舞台
	輸送機器	航空機／トラック／車／輸送
	ビジネス・経営	
	手工芸	
	ホテル・レストラン	ホテル／レストラン
	工業	工業／木工／プロセス／テキスタイルと衣服
	食品	ベーカリー／菓子／肉類と保存食品
	メディア	出版／情報と広告
	自然資源活用	
	自然科学	自然科学／技術
	福祉	
	社会科学	経済／人文／社会科学

出典：Skolöverstyrelsen, *Information om regeringens proposition 1990/91: 85 Växa med kunskaper*, Stockholm: Skolöverstyrelsen, 1991, s.2-4. をもとに筆者が作成。

と職業系を明瞭に区分する決定的な差異は設定されなかった。こうした点からも、この構想には1970年代の改革の課題として残されていた学科間の分

---

(4) Prop. 1992/93:250 Ny läroplan och nytt betygsystem för gymnasieskolan, Komvux, gymnasiesärskolan och särvux.
(5) Lindensjö, B. & Lundgren, U. P., *Utbildningsreformer och politisk styrning*, Stockholm: HLS förlag, 2000, s. 129.
(6) Prop. 1990/91:85, s. 74. なお、2000年には「技術」プログラムが加わってプログラムは17種類になった。

離、特に進学系学科と職業系学科との格差を乗り越えようとする意図が強く見られた。

その方略としてまず目に入るのは、在学年数の共通化、すなわちÖGY実験を活かして職業系学科が3年制になったことである。そして、すべてのプログラムで共通に学ぶ「コア教科」が設定されたことだった。コア教科は、スウェーデン語、英語、社会、数学、理科、保健体育、芸術の7教科で、3年間の高校教育の約30％を占めた。ライン制での共通履修教科がスウェーデン語と体育の10〜20％のみであったことと比べると、種類と量が大幅に増加したことになる。

(3) 専門性の保障と「選択の自由」

このように共通性を拡大する一方で、各分野の専門性を保持しながら平等な高校を実現するための方策も探られた。例えば、教育課程の約1割に現場裁量の教科が認められたことのほか、専門教育においても柔軟な教育課程編成が重視された。いくつかのプログラムには、さらに専門分化する複数の「専修（gren）」が設定され、主に職業に結び付く専門教育が行われた。なお、1999年に「専修」分岐は廃止され、「専攻（inriktning）」分岐として再編成されて現在に至っている。

職業に直結する専修の設置は柔軟な教育課程編成を阻害すると、生徒や学校教職員の団体から反対意見が出されたが、各種職能団体が専門的な職業教育の必要性から強く維持を主張し、科目間のつながりや体系性を示して高校教育にまとまりをもたせる仕組みとしても支持された。共通性が拡大したなかでも、専門化は重要なものと考えられたと言える。

専門化しながら平等な高校を実現するために、1990年代の改革において鍵になったのが「選択の自由」という理念だった。これは、生徒に自らの教育課程を編成する機会を与えることで、各生徒が、自らの希望に沿った教育を受けられることを目指すものだった。

この理念は、生徒の希望進路を実現するために主張された。つまり、プロ

グラム選択にあたって可能な限り生徒の希望を尊重し、希望進路に合った分野の専門教育を受けられるようにするという意味合いである。ただし、ここで着目しておかなくてはならないのは「進路」の捉え方である。

　10代という若さで将来を見据えた進路を一つに決定することは困難であり、変化が激しく将来像が描きにくい現代社会においては、さらに将来の職業を決めることは難しいことが留意されている。そのため、「希望進路の実現」は、一つの領域への専門化のみを意味するものではなく、一定の広がりと変更可能性を含むものとして捉えられた。つまり、希望が定まっていない生徒が広く多様な分野を学ぶことや、複数の分野に関心がある生徒が両方の入門部分を学べるようにしておくことが望まれた。これはとりわけ、進学か就職かという進路選沢に関わり、あらゆる生徒に大学進学の可能性を聞いておくことを意図するものだった。

（4）　科目組立方式──リカレント教育制度を支える教育課程編成方式

　「ライン」から「プログラム」へと学科の呼び方が変化したのは、教育課程編成の原則が大きく異なるためだった。ラインでは、一定の個人選択科目の余地はあっても、原則的に生徒はあらかじめ全国共通に定められたタイムプランに沿って教科を履修した。各自治体や学校が編成できる余地は少なかったのだ。これに対してプログラムは、あくまでも専門分野を示す枠組みとされ、その枠内であれば、各自治体や学校や生徒が状況やニーズに応じて教育課程を柔軟に編成できることが強調された。

　柔軟な編成は、タイムプラン案のなかに現場裁量の時間が約10％組み込まれたことや（**図表4-2**の「学校裁量」）、タイムプランが規定する時間数は

---

(7) Prop. 1990/91:85, s. 96.
(8) Skolverket, *Gymnasieskolans inriktningar och programmål*（*Dnr.99:01*）, Stockholm: Skolverket, 1999.
(9) Ds 1995:78 *Kursutformad gymnasieskola—en flexibel skola för framtiden*, s. 49–53.
(10) Prop. 1992/93:250.

図表 4-2 プログラム別・各教科の最低授業時間数の提案

教科		芸術プログラム	自然科学プログラム		社会科学プログラム			その他プログラム
			自然科学専修	技術専修	経済専修	人文専修	社会科学専修	
コア教科			690					
	スウェーデン語		140					
	英語		100					
	社会		80					
	数学		100					
	理科		30					
	保健体育		80					
	芸術活動		30					
	個人選択教科		100					
	特別活動		30					
専門教科	合計	850	900	920	770	820	770	1330
	英語	40	40	40	40	40	40	
	社会						80	
	数学	40	140/80	140/80	80	40	80	
	保健体育		40		40	40	40	
	歴史	60	60	60	60	140	140	
	芸術教科	710						
	宗教		30	30	30	30	30	
	個人選択		40		80	80	80	
	語学		140	80	140	310	140	
	理科				50	50	50	
	物理		150	150				
	化学		110	110				
	生物		90	50				
	環境		0/60	0/60				
	技術教科		60	260				
	心理学／哲学				30	30	30	
	経済教科				220			
	人文／社会科学発展					60	60	
	職業教科							1330
学校裁量		110	160	140	190	140	190	230
合計授業時数		1650	1750	1750	1650	1650	1650	2250

注：時間数は3年間の総計。1授業時間は60分。

出典：Skolöverstyrelsen, *Information om regeringens proposition 1990/91: 85 Växa med kunskaper*. Stockholm: Skolöverstyrelsen, 1991, s.5 をもとに筆者が作成。

生徒に保障する最低授業時数であり「上限は定めない」と明示されたことに見られるが、もっと根本的な変更もあった。

それは、最低授業時間数が、高校在学中の合計時間数で記されたことだった。これまでの Lgy70 のタイムプランでは、各教科について週当たりの授業時間数が定められていたのだが、それが3年間を通しての合計授業時間数で定められたのである。全体の時間数にすることで、どの学年で実施するか、通年で実施するか、一定期間に集中的に実施するかといったことが自由に決定できるようになった。

さらにそれには、コンブクスや職業訓練機関と、タイムプランの表記方法を揃えるという理由もあった。高校のタイムプランが週当たり時間数で表現されていたのに対して、コンブクスや職業訓練機関は授業の合計授業時間数で表現されていた。表記の共通化によって、科目の共同開講や単位互換を容易にすることが意図されていたのである。

このように、プログラム制の高校においては、教育課程編成における柔軟性の実現とリカレント教育制度の整備が目指されていた。そしてそのような柔軟で成人教育機関と互換性をもつ教育課程編成を実現するために用いられたのが、「科目組立方式（kursutformning）」だった。

科目組立方式は、高校教育のあらゆる学習内容を「科目（kurs）」に区分し、科目を組み合わせて教育課程を編成する方法だった。科目は、各「教科（ämne）」すなわち各知識分野を、領域またはレベルによって複数に区分したものであり、その一連の授業を指す。例えば、教科「スウェーデン語」のなかには、目標レベルが異なるスウェーデン語 A、B、C と、領域が異なる文学史、文学という合計五つの科目が設定された。

スウェーデン語を学ぶためには、必ず初めに A を履修し、その修得後に B、選択すれば C と続く。そして、これらに関わりなく文学史と文学は並行

---

(11) Skolöverstyrelsen, *Information om regeringens proposition 1990/91:85 Växa med kunskaper*, Stockholm: Skolöverstyrelsen, 1991, s. 5.

(12) *Ibid.*, s. 98, s. 128.

(13) Prop. 1990/91:85, s. 51.

して履修できる。このように「科目」に区分することで、「教科」で構成されていたライン制の教育課程よりも教育課程が具体的な学習のレベルと領域によって表現され、科目を入れ替えて柔軟にアレンジすることが可能になったのである。

　すべての科目は固有の学習内容と目標をもつ。そのため、どのプログラムで履修した「スウェーデン語A」も同じ価値をもつ。よって、プログラムを途中で変更することになっても、それまでの学習のうえに新しい分野の学習を積み上げていくことができる。つまり、プログラムの途中変更を容易にすると期待された。

　さらには、これらの「科目」は、コンブクスや職業訓練との互換性も考えて設計された。コンブクスには1982年に独自のレーロプラン（Lvux82）[14]がつくられていた。そこでは、基礎学校段階を1、高校教育段階を2、3、4として、すべての教科の内容が1から4までのレベル別に分割され、各レベルの内容を「科目」としていた。そして、これらの科目は一つずつ履修でき、下位レベルの科目の修得が次のレベルの科目の履修要件になっていた。成人は高校のように毎日数年間にわたる学習ではなく、各学習者に必要な科目のみ短期間の学習を行う必要があったため、このような履修単位がつくられていたのである。

　高校に科目組立方式を導入するにあたって、職業教科以外の教科については、このコンブクスの科目と互換性をもつように科目が設定された。そうすることによって異なるプログラムにとどまらず、コンブクスとの共同授業が可能になり、経済的であると考えられたのだ。

　また、細かな科目に分かれていれば、それらの科目を入れ替えることで、科学技術の発展や社会の変化に応じて、システム全体に影響を与えずに一部の教育内容のみが容易に刷新できる。この点で、教育課程が固定的に定まっているラインよりもはるかに「柔軟で、長期的な開発活動に開かれているシステム」[15]になる。このように、科目組立方式は教育課程編成の柔軟性とともに、効率性や経済性を高めるものとして強調された。

　もともと、教科を分割して科目にすること、すなわち学習単位を小さくし

て履修・習得認定を細かく行うという発想は、前章で取り上げた職業訓練で用いられていたモジュール化や、成人教育の履修方式を源流にもっていた。科目組立方式は、表面的な活動に留まらず、教育課程編成の原理についてもこれらの教育機関とのつながりを考えて設計されたのであった。

ただし、1991年の構想（**図表4-2参照**）では、時間配分は各教科について行われており、科目に分割されてはいない。つまり、科目組立方式は原則として打ち出されてはいたが、現実的な具体化に向けた議論はレーロプランの策定とともに続けられたのだった。

2 任意で受ける教育のレーロプラン Lpf94

(1) 枠組みへの着目と選択の自由

レーロプラン改訂のための委員会は、元ストックホルム大学教授で、スウェーデンにおけるカリキュラム研究の第一人者である学校庁長官ウルフ・P・ルンドグレンを委員長に、8人の委員から構成された。その任務は、高校教育に留まらず、成人教育を含む初等・中等教育全体を見渡して、学校教育の目標と教育内容、将来の社会のために果たすべき役割、国家と学校現場の権限配分のあり方を検討し、新しいレーロプランを提案することだった。

ルンドグレンは、教室での実証的研究の成果をもとにウルバン・ダールレフが定式化した、フレーム・ファクター・モデル（frame factor model）を議論の土台に据えていた。このモデルでは、どのような条件統制も直接的な

---

[14] Skolöverstyrelsen, *Läroplan för kommunal och statlig utbildning av vuxna*, Stockholm: Skolöverstyrelsen, 1982.
[15] Prop. 1990/91:85, s. 51.
[16] Läroplanskommittén, *Skola för bildning* (*SOU 1992:94*), 1992, s. 3.
[17] Lundgren, U. P., *Frame factors and the teaching process: A contribution to curriculum theory and theory on teaching*, Stockholm: Almqvist & Wiksell, 1972.

学習成果には結び付かず、教育実践のプロセスを条件づける枠（frame）を定めるのみだと考える。その考えに基づき、教育実践を検討する際には、実際の授業にどのような条件が課されているのか、そしてどのような自由があるのかを検討したうえで、結果との関連を捉えるというモデルだった。

これを土台に据えることで、与えられた規制（＝フレーム）に対して、実際の教育実践では何が縛られ、何が自由になるのかということに目が向けられることになった。つまり、目標を達成するために、レーロプランが教育実践の何を規定し、何を自由裁量として残すべきかという、レーロプランの枠組みの再検討が行われることになったのである。レーロプラン委員会では、この理論を基盤に、レーロプランが教育活動に課すフレームと、そのなかでの教師の自由裁量を明示する方向で議論が進められた。

1992年9月の最終報告書には、「レーロプランは、教育がどのような価値観の上に立ち、どのような知識を教授すべきなのかという問いに答えるものである」[18]と記されている。そして、この報告書では、それまでのレーロプランが教授の内容、順序、方法、時間数といった教授行為の詳細を規定してきたことを否定し、その代わりに、学校において重視すべき価値観と教育目標を規定することを主張した。つまり委員会は、教育実践を統制する枠として価値観と教育目標を重視したわけである。そして、その教育目標を達成するための活動方法、使用教材、教授方法の選択は、学校や教師に委ねることを提案したのだった。

この方針は、1993年に決議された[19]。ただし、その真意が正しく伝わったかどうかについては留意が必要である。教授行為の詳細ではなく教育目標を規定した委員会の意図は、価値観や教育目標の重要性を明示することにあった。ところがその方針は、教授方法の選択を現場に任せるという点で、当時の右派連立政権が進めた規制緩和や自由化と同調するものだった。そのため委員会の提案した方策は、規制緩和や選択の自由といったメッセージとともに実践現場に広がっていった。1993年の国会議案では、各地域や学校、さらには生徒による選択の自由が強調されたのである[20]。

例えば、生徒による選択について言えば、それまで教育課程上の生徒によ

る選択機会は、進路分化のための選択が中心で、個人の関心やニーズに応じる選択科目が数時間置かれている程度だった。しかしここでは、生徒による選択の自由を強調する根拠は、自由な進路選択の保障のほか、「自分の希望に合わせて自らの教育を編成する権利があり、その結果に責任を負うべき」という自己責任論や、関心ある分野について自発的に学習することで学習への肯定的な態度が育成されるためといったように、選択すること自体の意義を強調するものが含まれていた。また、大学や成人教育機関では学生が自分自身の履修科目を選択することから、それと同じ方式を高校において経験することで継続教育を円滑に進めることも期待されていた。[22]

(2) 教育課程編成の枠組み

教育課程の構想は、1993年の国会議案において示された。この構想では、1991年に提示された教育課程の構想が次の2点において大きく訂正されていた。[23]

①各生徒の高校3年間の教育課程が「コア教科（kärnämne）」「専門教科（karaktärsämne）」「個人選択科目（individuella val）」「プロジェクト活動（projektarbete）」の4種類の科目群で構成された。

②教育課程上の各教科・科目の学習量が、授業時間数ではなく「高校単位数（gymnasiepoäng）」で規定された。

この二点目について、前節に見たように1991年に提案されたタイムプランでは、3年間合計の最低授業時間数で各教科の量が規定されていた。しかし1993年には、実践現場の裁量をより拡大すべく、授業時間を規定しない

---

[18]　SOU 1992:94, s. 141.
[19]　Prop. 1992/93:250
[20]　*Ibid.*, s. 6.
[21]　*Ibid.*, s. 9.
[22]　*Ibid.*, s. 13.
[23]　*Ibid.*, s. 38-41.

高校単位数が採用された。高校単位数は、それまでの授業時間規定を参考にして各科目に固有に定められ、多くの科目では30～150単位が設定された。そして、3年間の高校教育は標準2,500単位とされた。

単位数は、基本的には授業時間数に対応して考えられたが、時間ではなく固有の学習単位を設定することで、成人教育との互換性ももたせやすく、学習者に応じた適切な時間数をかけて授業を行うことができると考えられた。より明確に、教育課程を授業時間で統制することを否定したと言える。

これら2点を反映した教育課程をより具体的に見ると、まずコア教科は750単位であり、1991年の構想で示されていたように、すべての生徒が共通に履修することになっている。なお、教育課程編成の枠組みは「コア教科」すなわち「教科」を指す名称であるが、そこに指定されているのは「科目」であり、厳密には齟齬がある。1991年の構想には教科名が記されていたが、ここでは各教科について特定の「科目」が定められ、さらに「宗教」が加わって、スウェーデン語A、スウェーデン語B、数学A、英語A、保健体育A、社会A、自然科学A、宗教A、芸術Aの8教科9科目が設定された。

これらの科目を修得すれば、どのナショナル・プログラムを修了しても大学入学の基本要件を得られることになった。つまりコア教科は、すべての生徒に大学進学可能性を保障するものであった。

専門教科は、各プログラムを特徴づける学習で1,350単位を占める。このなかには、各プログラム内での必修科目のほか、専修の選択後に課される専修必修科目や個別の選択科目があった。選択科目としては、中央当局から「履修推奨科目」と、選択肢として設定すべき科目が数個ずつ挙げられ、その他は専門分野の「生徒の知識を広げ深める、多様な科目を含む」[24]という原

図表4-3　教育課程編成の枠組み

コア教科科目 (750)	専門教科科目 (1350)	個人選択科目 (300)
		プロジェクト活動 (100)

注：数値は高校単位数。
出典：Prop. 1992/93: 250 s.38-41 をもとに筆者が作成。

則のもとで各学校が選択科目を設定した。

　第三の枠組みである「個人選択科目」は、プログラムの専門分野に縛られずに生徒が多様な科目を選択できる枠であり、300単位が設定された。これは、1991年の提案にあった100時間の「個人選択教科」と、110～230時間の「現場裁量」の機能をあわせもつものと言える。つまり、各生徒がそれぞれのニーズに合わせて、進路希望に応じた科目や関心のある科目を履修したり、各市や学校が独自の科目を設定して生徒に履修の選択肢として示すことが期待されていた[25]。

　第四は、総合的な学習を行う「プロジェクト活動」の100単位だった。これは、1991年には全プログラム共通に履修する30時間の「特別活動」として位置づけられていた。各分野の専門性を活かして、高校での学習の「まとめ」として行う学習だった。

　ライン制のタイムプランや1991年の提案では、職業系と進学系の教育課程の具体性に大きな差があった。つまり、進学系の専門教科は多数の教科から構成されていたが、一方の職業系ラインの専門教科は、その大部分が一つ

図表4-4　教育課程における必修と選択の整理

高校		
コア教科科目	プログラム	
プロジェクト活動	プログラム必修科目	専修 専修必修科目
個人選択科目	プログラム選択科目	専修選択科目

注：ゴシック体が選択。
出典：筆者作成。

---

[24] Gymnasieförordning (1992:394), 5kap. 17§
[25] Prop. 1992/93:250, s. 13, s. 34.

の教科にまとめられていた。このことを鑑みると、すべてのプログラムに共通する教育課程編成の枠組みが設定され、その枠内に、すべてのプログラムに共通する科目をはめ込んでいくという方式は、それ自体が大きな特徴であり、進学系と職業系の分離を乗り越える方策の一つだったと言える。

　そして、その枠組みは、必修部分と選択部分を段階的に設定し、各段階での選択の意味を明示する役割も果たした。選択の自由の拡大は、闇雲に選択の機会を増すのではなく、必修として残すべき部分と選択できる部分とを、それぞれに意味づけながら整理することだったのである（図表4-4参照）。

　この国会議案をもとに、1994年2月17日、高校のレーロプランが基礎学校のレーロプランと同時に改訂された。[26]新しい「レーロプランLpf94」は、レーロプラン委員会での検討を踏まえて目標と価値観のみを示した大綱的なものになった。

　コースプランは学校庁によって別に定められたが、それも各科目の目標と単位数を規定するに留まり、教授内容や方法、教材、時間数や順序を定めはしなかった。一方、タイムプランは、科目組立方式には必要ないとして廃止された。新しい教育課程は、教育目標を定め、その目標を達成するための実践の具体については大幅に現場の裁量を拡大したのだった。

3　教育実践の実際

　高校の新しい学科構成は、1992年秋より年次順に5年間の移行期間を見込んで導入され、1996年には全国で完全実施された。各地域、学校、専門分野の多様性を内に含む共通性を打ち出した教育課程は、実際にはどのように展開したのだろうか。

(1)　プログラム間の分離

　学校庁の調査によれば、職業系プログラムと進学系プログラムは多くの場

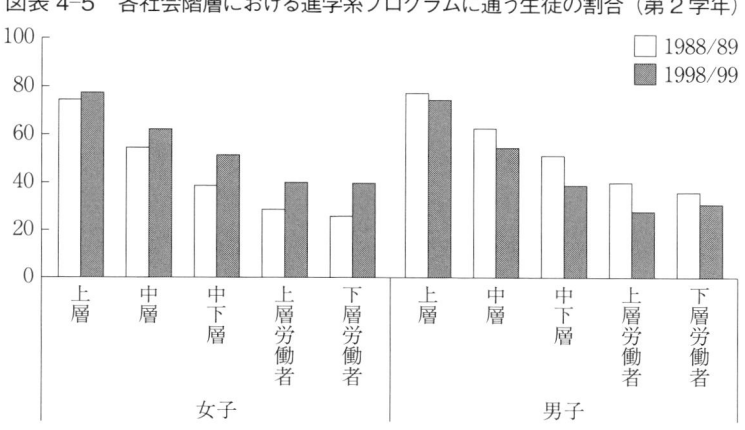

図表 4-5　各社会階層における進学系プログラムに通う生徒の割合（第2学年）

□ 1988/89
■ 1998/99

（女子：上層、中層、中下層、上層労働者、下層労働者／男子：上層、中層、中下層、上層労働者、下層労働者）

出典：Skolverket, *Reformeringen av gymnasieskolan*. Stockholm: Skolverket, 2000, s.66. をもとに著者が作成。

合別学校もしくは別校舎に設置されていた。その立地のために、外に追いやられている、地位が低く扱われていると感じる職業系プログラムの生徒がいることが調査で明らかにされた[27]。このように、職業系か進学系かによってプログラム間には相変わらず分離があるようにも見られた。だが、高校入学時のプログラム選択には変化が現れた。絶対数としては、親が高学歴の生徒や高い社会階層の生徒が進学系プログラムに進む割合が高いものの、低い社会階層の女子生徒については進学系プログラムを選択する生徒の割合が増加したのである（**図表 4-5 参照**）。このことは、社会階層を反映した進路選択を縮小しているとして肯定的に受け止められた。

　プログラム間の分離を乗り越える戦略の一つとして期待された大学入学可能性の拡大は、実際には大きな変化を及ぼさなかった。実際の大学進学者は、進学系プログラムと職業系プログラムで大きく異なった。例えば、自然科学プログラムでは3年以内の進学率が約80%に上ったが、多くの職業系プロ

---

[26] SKOLFS 1994:2.
[27] Skolverket, Fem *gymnasieprogram under omvandlingstryck*（*Rapport nr 149*）, Stockholm: Skolverket, 1998, s. 84.

グラムでは約 10% に留まった（**図表 4-6** 参照）[28]。もっとも、進学率に関しては雇用情勢によって大きく変化するうえ、各プログラムの特色でもあると捉えられ、必ずしも否定的に見られたわけではなかった。

ただし、職業プログラムにおいて大学進学に必要な科目の履修が困難であることは否定的に見られた[29]。コア教科を修得すれば大学入学の基本要件が得られたが、実際には大学側が学部ごとの特別要件を示しており、専門分野に関連するいくつかの科目を修得する必要があった。これらは、原則的にはどの学科でも個人選択科目として履修できたが、現実には、個人選択科目は職業系学科では各学科の専門教科の履修に使われることが多かった。また、学

図表 4-6　高校卒業者の大学進学率（高校卒業後 3 年以内、数値は %）

プログラム	1996/97 年度 卒業者	2001/02 年度 卒業者
自然科学	81.0	79.8
社会科学	58.0	58.0
芸術	30.1	37.3
メディア	25.5	30.9
保健介護	22.1	25.7
児童・レクリエーション	15.9	21.1
エネルギー	14.5	12.9
ビジネス・経営	10.8	12.9
電子工学	10.1	11.8
自然資源活用	6.6	11.9
手工芸	4.5	7.1
ホテル・レストラン	4.2	7.8
工業	2.3	3.6
食品	2.6	5.0
建設	0.8	1.5
輸送機器	0.4	0.9
合計	38.2	44.8

出典：SCB, *Gymnasieungdomars studieintresse: Tidsserie för alla program: Båda könen.*, 2008, http://www.scb.se/uf0513（2015 年 10 月 20 日確認）をもとに著者が作成。

校の経済事情、設備、時間割、教師の状況によって個人選択科目として設置される科目数は大きく異なっていたため、小規模の学校ではこれらの科目が開講されないこともあった。

(2) 科目組立方式の活用

　科目組立方式については、その導入に伴って選択機会が増加したと感じている生徒が90％、そのため自分の学習に責任をもつようになったと感じている生徒が80％に上ることが生徒へのアンケートによって明らかにされ、肯定的に評価された[30]。また、科目組立方式を活用した教育の質向上への学校現場での取り組みは次第に増加した。特に、教育課程編成上の工夫が多く見られ、例えば70％以上の学校が集中講義を行っており、独自の学期区分を行う学校は46％から65％に増えた。学期区分の工夫については、多くの学校が年間4学期に区分していた。

　ただし、科目組立方式には教育内容に関する側面からいくつかの課題が指摘された。特に重要な指摘は、教育課程が「個々の科目に解体されバラバラにされる」というものであった。プログラム目標や職業分野によるまとまりがあっても、科目ごとに教育が分断されるという危険性はなくならなかったわけである[31]。この「まとまりのなさ」は、教科間で水平的にも、3年間を通して垂直的にも存在すると指摘された[32]。特に、自然科学プログラムには職業というまとまりさえなく、生徒は多種類の科目を関連づけられないまま並行して履修し、それらすべてに成績が付けられることにストレスを感じている

---

⑱　SCB, *Gymnasieungdomars studieintresse: Tidsserie för alla program: Båda könen.*, http://www.scb.se/UF0513/#c.undefined, 2015年10月20日確認。

⑲　Skolverket, *Reformeringen av gymnasieskolan—En sammanfattande analys（Rapport nr 187）*, Stockholm: Skolverket, 2000.

⑳　Svenska kommunförbundet, *Kursutformad gymnasieskola. Slutrapport från projektet kursutformad gymnasieskola*, Stockholm: Svenska kommunförbundet, 1998, s. 17.

㉑　Skolverket, *Op. cit.*, 2000, s. 48.

㉒　Hellsten, J.-O., *Nytt vin i gamla säckar. En studie av gymnasieskolans kursutformning*, Stockholm: Skolverket, 2000, s. 35.

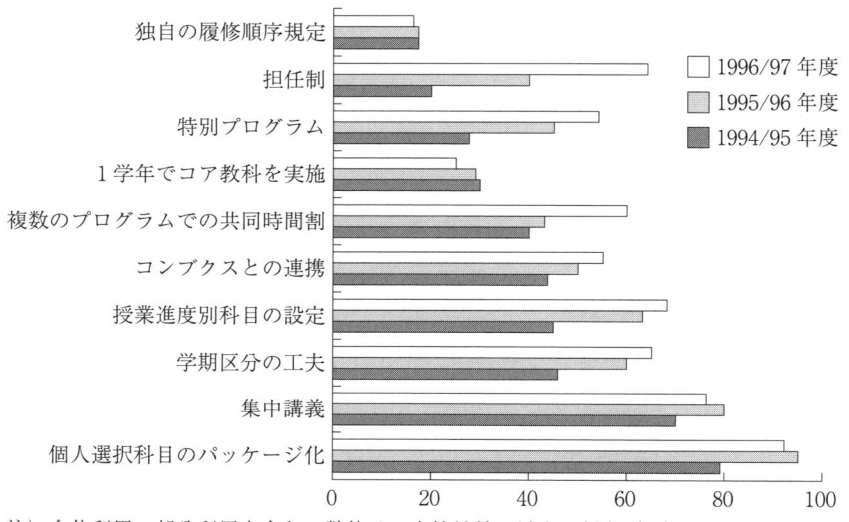

図表 4-7　科目組立方式の活用事例と、実践している高校の割合

凡例：
- 1996/97 年度
- 1995/96 年度
- 1994/95 年度

項目（上から）：
- 独自の履修順序規定
- 担任制
- 特別プログラム
- 1学年でコア教科を実施
- 複数のプログラムでの共同時間割
- コンプクスとの連携
- 授業進度別科目の設定
- 学期区分の工夫
- 集中講義
- 個人選択科目のパッケージ化

注）全体利用・部分利用を含む。数値は、高校総数に対する割合（％）。
出典：Svenska kommunförbundet, *Kursutformad gymnasieskola. Slutrapport från projektet kursutformad gymnasieskola,* Stockholm: Svenska kommunförbundet, s.15. より著者が作成。

ことが調査で明らかにされた。

　また、科目組立方式によって分断されたのは教科内容のみではなく、教師や生徒達でもあった。教師は、一人で一科目の計画から成績づけまでを担当するために孤立が進み、時間が不足して協働が困難となった。一方、生徒は、選択科目が多いために学級としてのまとまりがなくなり、学校生活での安心感が減ったと言われた。図表 4-7 において、担任制の実施が急に増加して 20％ から 64％ になっていることは、この点への対応と言える。

(3) 職業系プログラムの実際

　職業系プログラムの教育課程における変化の焦点は、コア教科の設定と職場実習にあった。ここでは、職業系プログラムの例として「電子工学プログ

ラム（Elprogrammet）」での教育課程を検討する。[35]

　電子工学プログラムは、ライン制に存在した2年制の電子工学ラインをもとにつくられた。生徒数は3学年合わせて13,655人（1996/97年度）、ナショナル・プログラムのなかで6番目に多い。そのうち女子は1.4%にすぎず、ほとんどが男子生徒である。[36]電子工学ラインは五つの専修に分かれていたが、電子工学プログラムでは全国共通の専修は、「オートメーション（automation）」「エレクトロニクス（elektronik）」「設備（installation）」の3種類が設定された。ただし、各学校は3種すべての専修を設置する義務はなく、どの専修を設置するかは各学校の設置者、すなわち市の裁量で決定することができた。

　多くの学校では、ライン制の時代に設置していた学科や専修をプログラム制においても引き継いで設置しており、1997年には全国に641校の高校があるなかで171校が電子工学プログラムを設置し、そのうち87校がオートメーション専修、130校がエレクトロニクス専修、138校が設備専修、そして14校が地域独自の専修を置いていた。[37]原則的には、生徒は希望する専修を自由に選択することができた。ただし実際には、設備や教材数の関係で各専修の定員が決まっている学校が多かった。志願者が定員数を上回った場合、一般的には生徒の学校での成績をもとに選抜が行われた。希望する専修に入れなかった生徒には他の学校に転校して希望する専修に入る権利があるが、立地条件などから転校はあまり行われなかった。

教育課程の具体例

　実際の教育課程の例として、ストックホルムの南約20キロに位置するハ

---

[33] Skolverket, *Op. cit.*, 1998, s. 184.
[34] Persson, E., Hur hamnade vi här?—Kursutformningens framväxt, *Krut*, 81, 1996, s. 12–25.
[35] Skolverket, *Op. cit.*, 1998, s. 70–105.
[36] Skolverket, Skolor och elever i gymnasieskolan läsår 1996/97, 1997, Tabell 4.3 A, http://www.skolverket.se/sb/d/1718/a/8012（2015年10月20日確認）
[37] Ibid.

ーニンゲ（Haninge）市にあるフレドリカ・ブレメール高校フレドリク校（Fredrika Bremergymnasiet Fredrik、以下「フレドリク高校」）での電子工学プログラムの教育課程を挙げる。なお、上述したように2000年のコースプランの改訂によって、プログラム内の専門分化が「専修」から「専攻」へと変更され、その構成が変更されたため、専門教科内の専門分化の構造がプログラム制導入当時のものとは少々異なる。電子工学プログラムには、オートメーション、コンピュータ技術、電子工学、設備の4専攻が設置された。このなかから、フレドリク高校では「電子工学」と「コンピュータ技術」の2専攻が設置されている。

前節で検討した教育課程編成の四つの枠内に、それぞれ具体的な科目が配置されていることが分かる。コア教科は、第1学年から第3学年までほぼ均等に配置されている。専門教科については、ライン制のもとでのタイムプランと異なって、職業教科が一つにまとめられておらず、多くの科目が並べられていることが目を引く。このように科目名を記すことで、職業教科も教育課程上により詳細な教育内容が記されることになったのである。

専門教科の共通履修科目の多くは第1学年に行われ、そこでの学習をもとにして、第2学年からは2専攻に分かれている。そして第2学年からは、専攻の選択があるのみでなく、専門教科の選択科目、個人選択科目、プロジェクト活動も設定され、各生徒がそれぞれ異なる学習をすすめる割合が増える。この専門科目のいずれか、またはプロジェクト活動の時間を使って、生徒は職場実習に行くことになっている。

職場実習については15週間以上行うことが原則とされたが、現実には、長期の実習を実施できている学校は少なかった。特に、電子工学分野には小規模企業が多く、そのような企業は生徒を監督する余裕がないために実習を受け入れられないことが多かった。全国的に見れば、1997年の春に電子工学プログラムを卒業した3,633人のうち、実習を行ったのは68％の2,456人に留まっていた。[38]

多くの生徒は実習での学習を肯定的に見ており、61％の生徒が長期化を望んでいた。職場では、学校で学んだ知識や技術を実際に使い、自分で考え

図表 4-8　フレドリク高校　電子工学プログラムの教育課程（2006/07 年度）

コア教科	1年	2年	3年
スウェーデン語 A	100	—	—
スウェーデン語 B	—	50	50
英語 A	50	50	—
数学 A	100	—	—
保健体育 A	50	50	—
社会 A	—	—	100
宗教 A	—	—	50
理科 A	—	50	—
芸術	—	—	50
計 (750)	300	200	250

個人選択	1年	2年	3年
個人選択	—	150	150
計 (300)	—	150	150

プロジェクト活動	1年	2年	3年
プロジェクト活動	—	50	50
計 (100)	—	50	50

専門教科

プログラム必修科目	1年	2年	3年	専攻必修科目	1年	2年	3年
				電子技術専攻			
コンピュータ	50	—	—				
デジタル技術	50	—	—	電子工学学習 B	—	50	—
エレクトロニクス入門	50	—	—	三相交流	—	50	—
電子工学 A	100	—	—	電子工学論 A	—	50	—
プロジェクトと企業	—	50	—	電子工学論 B	—	—	50
電子工学学習 A	50	—	—	電子工学環境と安全	—	100	—
制御技術 A	50	—	—	コンピュータ技術専攻			
統御技術 A	—	50	—	ウェブデザイン	—	50	—
保健体育 B	—	—	50	パソコン	—	100	—
計 (500)	350	100	50	コンピュータ・コミュニケーション	—	100	—
選択科目				計 (300)	—	250	50
選択科目	—	225	325				
計 (550)	—	225	325				

出典：フレドリク高校 2006/07 年度の学校案内をもとに筆者が作成。数値は高校単位数。プロジェクト活動および専門教科の中で職場実習を実施

て行動できる。そして、実際の雰囲気や人との交わりがある点を生徒は評価していた。一方、反対意見として、仕事に携われず見ているだけだったという批判もあった。また、実施上の課題として、学校と企業とのコンタクトが挙げられた。これは、ÖGY実験においても指摘された課題だった。学校が実習先企業の人々を招いて「集いの会」を設けるなどの取り組みがあったものの、企業の人が学校に足を運ぶ時間は少なく、コンタクトについては引き続き努力が必要とされた。

　ただし、分野によっては伝統的に職能団体が職業教育に関わって実習を行っている産業もあった。例えば、電子工学プログラムの設備専攻には、電子工学分野の職能団体の全国組織（Elbranchens Centrala Yrkesnämnd）が構築した徒弟的な職業教育システムがあった。それは、高校を修了したのちに企業で研修生として働き、卒業後720時間の試用期間を含んで、合計1,600時間の研修期間を修了すると職能団体から認定資格が得られるというものであった。なお、この職能団体は、研修を始める前に高校で修了しておく科目を**図表4-9**のように提示している。[39]

　これらの科目の多くはプログラムや専攻の共通履修科目として課されているが、課されていない科目については、多くの生徒が個人選択科目において履修することになっている。この基準は法的に義務づけられているわけではないが、当該分野の職業に就くためには事実上不可欠だという。

　科目組立方式は、教育内容を小さな「科目」に区分することによって、専門教育全体の構造を分かりにくくしているという批判がある。[40] この批判に対して、職能団体の基準は教育内容のまとまりを示し、専門性を担保する役割を果たしていると言えよう。

コア科目の学習内容を専門分野の文脈に位置づける

　コア教科は、職業系プログラムにとって一般教科の量と種類の増加を意味した。しかもそれは、すべてのプログラムに共通する到達目標が設定されていた。共通の教育目標の設定は、それまでの議論に見られた一般教科の強調とは一線を画すものだった。職業系プログラムの教師や校長は、一般教科の

第4章 1990年代の改革──すべての学科が平等な高校へ 125

図表 4-9 電子工学技術者・電子工学領域の資格基準

科目	単位数
プロジェクトと企業	50
パソコン	50
電子工学分野の労働環境と安全	100
電子設備入門	250
電子工学 A	50
電子工学 B	50
電子工学論 A	100
電子工学学習 A	50
電子工学学習 B	50
三相交流	50
デジタル技術 A	50
エレクトロニクス入門	50
統御技術 A	50
制御技術 A	50
安全システム	100
合計	1,100

左に示した科目は基礎要件であり、これらの科目履修に加えて350単位の電子工学領域の科目を選択履修し、合格すること。

専門教科の合計修得単位数が1,450単位以上となること。
注意：1,450単位のなかには、プロジェクト活動100単位を含める。

高校生は、すべてのコア教科科目を合格すること。加えて、電子工学安全試験に合格すること。
成人の学習者は、スウェーデン語A、英語A、数学A合格相当の知識をもっていること。

出典：Elbranchens Centrala Yrkesnämnd, Yrkescertifikat från ECY, 2007, http://www.ecy.com/docs/tidigare_branschkrav.pdf.（2015年10月20日確認）を改編。

導入は受け入れても、その科目に進学系プログラムと同じ到達目標を課すのは無理だし、必要がないと批判した。[41]

---

(38) Skolverket, *Op. cit.*, 1998, s. 96.
(39) *Ibid.*, s. 74., Elbranchens Centrala Yrkesnämnd, *Yrkescertifikat från ECY*, 2007 http://www.ecy.com/docs/tidigare_branschkrav.pdf（2015年10月20日確認）
(40) Skolverket, *Op. cit.*, 1998, s. 82.
(41) Kommittén för gymnasieskolans utveckling, *Den nya gymnsieskolan—Hur går det? (SOU 1996:1)*, 1996, s. 42.

これに対して教育省の高校開発委員会は、その考え方は選抜的な昔のユムナーシウムのイメージを引きずっていると反論した。すべての生徒に平等に将来への可能性を開くために、高校での基礎的な教育に関する共通の目標設定は可能で望ましいことだと主張したのである。

こうして共通の目標は維持されたが、ナショナル・テストや成績分布調査の結果は、コア教科の学習において職業系プログラムの生徒の多くが困難を抱えていることを示していた。例えば、プログラム制では全国共通の評価基準に沿って各科目の成績が「優（MVG: mycket väl godkänd）」「良（VG: väl godkänd）」「可（G: godkänd）」「不合格（IG: icke godkänd）」の4段階で付けられるが、1996年度にスウェーデン語Aが不合格だった生徒は、進学系プログラムの平均が1.5%だったのに対し、職業系プログラムの平均は8.3%に上った。[42]

ただし、職業系プログラムの生徒の多くは専門教育の学習には熱心であり、コア教科についても、専門分野に関連する部分には関心をもっており成績もよかった。例えば、電子工学プログラムの生徒は電子工学分野に深く関連する数学については、関心があり、成績もよかったという具合であった。[43]

このような状況を踏まえて、コア教科の教育成果改善のための授業改善が推進された。各生徒が個別に教師と相談して各自の学習計画を立てながら学習する例や、教科横断的な「問題解決学習」の例と並んで、特に各専門分野を重視するものとして着目されたのが、コア教科の授業を専門分野に関連づける試みだった。高校開発委員会は、それをコア教科の「色づけ（infärgning）」と呼んで紹介した。[44]

「色づけ」とは、コア教科の授業において、専門教科の分野に関連した教材やテーマなどを取り上げることである。例えば、スウェーデン語の授業において職場実習についてのレポートを書いたり、英語の授業において職業教科で使用する機器の取扱説明書をテキストに使ったり、数学の授業で専門分野に関わる文脈をもつ文章題を解いたりする実践が行われた。[45]

一方、コア教科から専門教科の授業への影響は弱いことが指摘されてはいるものの、専門教科の授業を半分英語で行うといった実践が紹介された。実

際に取り組みを行った教員は、「色づけ」によって生徒が多様な視点から自分の専門分野を見られるようになると評価した。専門分野に関連のある教材をコア教科の授業で取り上げることで、生徒が専門分野におけるコア教科の学習の意味を理解し、学習への意欲を高めたと言える。

ただし、現実にこのような実践を行うためには課題も多い。例えば、教材開発のためには各専門分野の知識が必要だが、多くのコア教科教師が複数のプログラムを兼任しており、1人の教師が多様な分野の教材研究をすることは難しい。ちなみに、数学については教科書会社がこの課題に取り組み、練習問題を分冊にしてプログラム別に数種類つくり、各分野の文脈を生かしたテーマを取り上げた問題集を開発していた。

また、先に挙げたフレドリク高校では、専門教育の実習室の隅に設けられた教室でコア教科の授業を行ったり、コア教科教師と専門教科教師が共同研修や学習会を行ったり、教師の共同休憩スペースを設けて会話を増やしたりと、様々なアプローチをすることでコア教科の学習を専門教科と結び付ける取り組みを進めていた。

(4) 進学系プログラムの実際

一方の進学系プログラムは、職業系プログラムに比べると教育課程上の変化は小さかった。自然科学プログラムの調査報告では、プログラム制の導入

---

(42) Skolverket, Betyg och studieresultat i gymnasieskolan läsår 1996/97, 1997, Tabell 4.2, s. 2, s. 5.
(43) Skolverket, *Op. cit.*, 1998, s.87., Skolverket, *Utvärdering av fem gymnasieprogram 1999*（Rapport nr 182）, Stockholm: Skolverket, 2000, s. 91.
(44) *SOU 1996:1* s. 44.
(45) *Ibid.*, s. 45., Skolverket, *Op. cit.*, 1998, s. 91, s. 157-161., Skolverket, *Utvärdering av gymnasieprogram 1998*（Rapport nr 163）, Stockholm: Skolverket, 1999, s. 85.
(46) Skolverket, *Op. cit.*, 1998, s. 88-91.
(47) フレドリク高校のスウェーデン語教師クリスティーネ・アルビットソン（Christine Arvidsson）氏へのインタビュー（2007年9月24日実施）による。同様の取り組みは、委員会報告書においても取り上げられている。*SOU 1996:1* s. 49.

手前が座学用スペース、奥が実習室になっている教室
（フレドリク高校）

は、構造的にも教育内容的にもほとんど変化を伴わなかったと記された[48]。それでもなお、複数のラインの統合、コア教科の設定、科目組立方式の導入に伴っていくつかの変化が見られた。ここでは、社会科学プログラムを取り上げて検討する。

社会科学プログラムは、ライン制に存在した2年制の経済ライン、3年制の経済、社会科学、人文ラインを統合してつくられた。生徒数は3学年合わせて77,676人（1996/97年度）となっており、プログラムのなかで最も多く、高校全体の生徒数の約4分の1を占めていた[49]。ちなみに、女子の割合は61.6%である。

全国共通の専修としては、ライン分岐を引き継いで、「経済（ekonomiska）」「社会科学（samhällsvetenskapliga）」「人文（humanistiska）」の3専修が置かれた。各専修の生徒数は、約35%の生徒が経済を、約47%の生徒が社会科学を、約11%の生徒が人文専修を選び、約5.5%の生徒は各地域が設定しているその他の専修を選んだ。

社会科学分野において、プログラム制の導入に伴う変化は、伝統や文化の異なる複数のラインが統合されたことにあった。経済ラインは20世紀の工業化に伴って生まれ、実用性を重視し、かつ理論的な学習も行ってきた。社

会科学ラインは、総合制化に伴って大衆のニーズに応じて設置された。そして、人文ラインは中世の聖職者教育が起源となっており、アカデミズムを大切にしてきた伝統をもっている。

　プログラムとして統合された後もそれぞれ異なる伝統の色は強く、進学率についても、経済は約45％、人文は約65％と差異があった[50]。これらを統合して、プログラムとしてのまとまりをどのようにつくり出すかが課題となった。

　プログラムとしてのまとまりを示すプログラム目標は抽象的で、実際の実践場面に直接的な影響力をもちえるものではなかった。もちろん、レーロプランも同様だった。よって現実には、各学校が独自に具体的な教育目標を立てる作業が求められた。そして1990年代前半、多くの教師が、レーロプランや目標規定をもとに各学校独自の教育目標や教育計画をつくる作業に取り掛かり、多くの学校がその作業を継続的に行ったことが報告された[51]。

教育課程の具体例

　社会科学プログラムにおける実際の教育課程例として、ストックホルム（Stockholm）市にあるブラッケベリ高校（Blackebergs gymnasium）の教育課程を挙げる。ブラッケベリ高校の社会科学プログラムでは、経済専攻2クラス、社会科学専攻2クラス、そして地域独自の専攻として文化専攻1クラスが置かれていた[52]。図表4-10は、このうち社会科学専攻の教育課程である。

　先に見た電子工学プログラムの教育課程と同じく、四つの枠内に多くの科目が設定されており、専門教科の専攻共通科目や選択科目が第2学年から設定されている。ただし、社会科学プログラムでは、以前も教育課程のなかに

---

(48)　Skolverket, *Op. cit.*, 1998, s. 175.
(49)　Skolverket, *Op. cit.*, 1997.
(50)　SCB, *Op. cit.*, 2008.
(51)　Skolverket, *Op. cit.*, 1999, s. 136.
(52)　2004年5月15日訪問。ブラッケベリ高校には、社会科学プログラムのほか、自然科学プログラム5クラスが設置されていた。

図表4-10 ブラッケベリ高校 社会科学プログラム・社会科学専攻の教育課程 (2003/04年度)

コア教科	1年	2年	3年
スウェーデン語A	100	—	—
スウェーデン語B	—	50	50
英語A	100	—	—
数学A	100	24	—
保健体育A	76	—	—
社会A	100	—	—
宗教A	—	—	50
理科A	50	—	—
芸術	50	—	—
計 (750)	576	74	100

個人選択	1年	2年	3年
個人選択	—	150	150
計 (300)	—	150	150

プロジェクト活動	1年	2年	3年
プロジェクト活動	—	50	50
計 (100)	—	50	50

専門教科

プログラム必修科目	1年	2年	3年
英語B	—	100	—
哲学A	—	—	50
地理A	—	—	100
歴史A	100	—	—
数学B	—	50	—
現代外国語	100	100	—
コミュニケーション	—	50	—
理科B	50	50	—
心理学A	—	—	50
計 (800)	250	350	200

社会科学専攻

専攻必修科目	1年	2年	3年
歴史B	—	50	50
宗教B	—	—	50
社会B	—	100	—
計 (250)	—	150	100

選択科目	1年	2年	3年
選択科目	—	75	75
保健体育B	—	50	—
社会B	—	—	100
計 (300)	—	125	175

出典:ブラッケベリ高校 学校訪問(2004年5月15日)で得た資料をもとに筆者が作成。
数字は高校単位数。

含まれていた教科の基礎部分にあたるものがコア教科科目に含まれ、発展部分が専門教科科目に含まれる教科が多い。そのため、コア教科科目の多くは第1学年で行われる。これは、電子工学プログラムと異なる点である。

科目組立方式

　プログラム制の導入に伴うもう一つの変化は、科目組立方式の採用だった。科目組立方式の導入によって、生徒が自分自身の教育課程を編成する機会が増加した。社会科学プログラムには、よい成績をとれる科目を戦略的に選ぶ生徒が多くいた。というのも、大学入学に際して履修科目の成績が資料になるためである。

　調査では、このことが秘密裏にではなく、オープンに語られている状況が明らかにされた[53]。このような進学のための戦略的履修は、以前から中退と再入学やライン変更といった形で存在したが、科目選択の増加は戦略的な選択機会をより身近にし、増加させたと言える。

　科目組立方式の課題としては、教師による協働の減少が挙げられた。社会科学プログラムは一つの職業分野を同じくするといったまとまりがない。そこに科目組立方式が導入され、各科目の独立度はより強くなった。同じ教科内にも複数の科目があり、独自の目標と内容をもち、成績づけも別々に行うため、同じ教科の教師であっても別科目を担当する場合は相互に助け合うことが困難になった。

　「以前は、もう少し協働できたし自由だった……今みたいに、みんな自分のことしか考えていないわけじゃなかった。今は、私も自分のことばかり考えてるわ。いつこの科目の授業が終わって成績を付けるかとか、不合格になった生徒をどうしようとか」[54]

　という教師の言葉に表れているように、各科目の担当教師の責任が増え、教授上の協働が困難になったのである。

　教師間の協働の減少は、教育内容のまとまりのなさ、プログラムとしての

---

[53] Skolverket, *Op. cit.*, 1999, s. 156.
[54] *Ibid.*, s. 139.

まとまりのなさにつながる。それを乗り越えるための取り組みとして、学校庁による報告書では、入学時に様々な教科における「社会科学的な視点」を学ぶ1週間のオリエンテーションを行う学校の例が挙げられた。ここでも、プログラムとしての特徴を軸にした教育課程の編成が見られるのである。

4 「進学か就職か」を超えるための方略と現実

　1990年代前半に実施された高校改革では、全学科の3年制化や入学・卒業要件の共通化、コア教科の設定などによって学科間の共通性が拡大した。その一方で、各学科の専門教育は保持され、各学科では専門教育と一般教育とが行われることになった。そして生徒には、各自の関心から専門分野を選ぶ「選択の自由」を保障することが強調された。

　共通性を拡大しながら専門性を保ち、生徒に自由な選択を保障するといった特徴は、1970年代に打ち出された総合制の原則にも見られるものだった。つまり、1990年代前半の改革は、1970年代の「すべての者のための一つの高校」という理念を受け継ぎ、道半ばだったその方向性をさらに進めるものだったということができる。

　とはいえ、この方向性は批判なしに進められてきたわけではない。第2章、第3章で見たように、1980年代には専門分化や職業実習が議論の焦点となり、専門教育の重視が強く主張された。総合制の深化の鍵は、進学系学科と職業系学科との差異の撤廃だと考えられていたが、その一方で各学科の専門性は維持することが望まれたのである。こうした議論の結果として、共通性を拡大しながらも各学科の専門性を明確にする教育課程が実現したのだった。

　そのような教育課程をつくるにあたって、この改革では学科間の差異縮小が、進路を決定する選択時期や共通の履修科目の問題としてのみではなく、教育課程編成に関わる問題として取り組まれたことが重要である。つまり、教育実践のすべてを統制することはできないという認識の下で、何を共通に統制してどのような柔軟性や自由を保障すべきかを考え、教育課程編成の共

通の枠組みを設定したことである。

　そこで採用されたのが「科目組立方式」だった。これによって、すべての学科に共通する科目を設定しながら、その一方で専門教育の存在感が強く意識されることになった。各自治体や学校の工夫が積極的に認められるようになり、また、高校教育を科目内容のレベルから大学や成人教育と関連させることを可能にした。ただし現実には、見過ごせない課題も生じていた。細かな科目に区分された教育課程にはまとまりが見えづらく、教師の協働を阻害していると批判された。

　こうした利点と課題をあわせもつ教育課程編成の方式を採用している、新しいレーロプラン、特に、重視された教育目標はどのようなものだったのだろうか。次章では、コア教科科目である数学Aを取り上げ、コースプランからその教育目標を確認するとともに、その目標をさらに具体的に示しているとされるナショナル・テストを通して、教育目標および評価の具体を検討する。

---

(55)　*Ibid.*, s. 164.

第5章

高校教育の目標と評価をめぐって

1970年　後期中等教育修了資格試験廃止
1971年　相対評価による成績システム
1991年　成績委員会（Betygsberedningen、〜1992）
　　　　SOU1992:86『新しい成績システム』
1994年　目標準拠評価による成績システム
1998年　悉皆でのナショナル・テスト開始
2000年　高校コースプラン改訂（Gy2000）
2007年　成績委員会（Betygsberedningen、〜2010）
　　　　Ds U 2008:13『新しい成績基準』
2009年　成績の再検討に関する審議会（Betygsprövningsutredningen、〜2010）
　　　　SOU2010:96『高い成績よりも正しい成績がよい』

授業で出されたグループ課題に校内の廊下や階段で取り組む生徒達

1990年代の改革において「法による統制」から「目標と成果による統制」に変化したことによって、学校での教育は大きく変容した。教育実践における教師の自由度が増したほか、授業やテストにおいても、目標や評価が強く意識されるようになったからである。そして、この評価をめぐる議論が、2000年代の議論の焦点の一つになった。

本章では、すべてのプログラムの生徒が学ぶ科目「数学A」を取り上げ、レーロプランとコースプランおよび全国悉皆(しっかい)で行われているナショナル・テストから、具体的にどのような目標が立てられ、評価が行われたのか、そして、それらをめぐってどのような議論が展開したのかを検討する。それに関わって、まず筆者が出会った高校での忘れ難いエピソードから始めたい。

1 肯定的な評価

2009年9月、ストックホルムのエストラ・レアル高校（Östra Reals gymnasium）自然科学プログラムの芸術プロフィールクラスを訪問した時のことである。[1]授業の最初に生徒達に紹介された筆者は、いつものように質問を受けた。こうした場面では、もちろん日本とスウェーデンの違いや日本の文化についても尋ねられるのだが、それと同じくらい頻繁に、社会問題に関しての意見を問われた。

この時は、直前にあった日本の衆議院議員選挙の結果をどう思うか、日本で自殺が多いことについてどう思うか、死刑制度についてどう思うかという質問を受けた。このような話題は、一部の生徒だけが興味をもって聞いているのではなく、みんなが興味深そうに聞いていた。日常的にこうした社会問題が取り上げられており、その議論が、正解を求めるのではなく、「あなたはどう思うか？」という問い掛けの形で行われているのだと察することができた。

一通り質問への応答が終わると次は「スウェーデンの高校生への質問はありますか？」と聞かれたので、学校での評価やテストをどう思うかについて

尋ねた。すると、すぐに「必要だ」という答えが返ってきた。そして、「自分がどれだけできているかを確認できるから」という肯定的な意見を補足してくれた。周りの生徒も、まんざらでもなさそうな顔でそのクラスメイトを見ていた。評価に対して、これほどまでにポジティブな意見が即答で返ってきたことに驚きを隠しえなかった。

　その時に思い出されたのは、スウェーデン全国で行われているナショナル・テストの解説で強調されていた「肯定的な評価（positiv bedömning）」だった。[2] 評価は生徒を肯定的に認めることで動機づけ、意欲を向上させることもできるが、逆に生徒を否定し、意欲を減退させることもできる。だから教育においては、肯定的な評価を行うことで学習意欲を刺激する必要がある。こうした考え方が、ナショナル・テストの土台にある一つの考え方として強調されていた。テストに対してポジティブな生徒とのやり取りは、この考えが単なる理想ではなく現実に浸透していることを示していた。

　とはいえ、このような評価観は1980年代以前には一般的なものではなく、親や教師達は自分の高校時代を振り返って隔世の感があると言う。この変化は、レーロプランやコースプランの変化、そしてナショナル・テストを中心とする評価改革によってもたらされたものだった。

---

(1) 2009年9月3日訪問。プロフィールクラスでは、プログラムの専門教育に他分野の教育を組み合わせて特色を出す。ここでは、自然科学を中心に学びながら音楽や絵画も学ぶことができる。小・中学校でも同様に、特徴的な教育を行う「テーマクラス」を設ける学校がある。中学校での具体的な実践は、宇野幹雄『ライブ！スウェーデンの中学校──日本人教師ならではの現地リポート』新評論、2004年に詳しい。

(2) Pettersson, A., Bedömning —Varför, vad och varthän? I Lindström, L & Lindberg, V. (red.) *Pedagogisk bedömning: Om att dokumentera, bedöma och utveckla kunskap*, Stockholm: HLS förlag, 2007, s. 34.

2 教科ベースのカリキュラムから目標・原則ベースのカリキュラムへ

(1) 目標による統制

　1994年から実施されたLpf94は、それまでのレーロプランLgy70とは大きく異なっていた。一目で分かるのは量的な差異である。本棚数段を埋め尽くす何十冊もの冊子から成っていたレーロプランが、20ページに満たない1冊のみになった。Lgy70に含まれていた学科別の「タイムプラン」と科目別の「コースプラン」がLpf94からは削除され、総則部分にあたる、全学科全教科を貫く内容のみになった。かなり思い切った大綱化であった。

　その内容については、第1章44ページに掲げたLgy70の「教育目標と原則」と照らし合わせてみると、全体の方向性としては大きな変化はないが、強調点が異なることが分かる。Lgy70に書かれていた内容のうち、学校や社会の基本的価値観に関わる部分が「学校の基本的価値と任務」として整理され、それとは別に「教育目標」が明示された。

　教育目標を独立させるというのは、学校を目標で統制する（målstyrning）という明確な立場の表明だった。つまり、教育実践を法規で詳細に規定する（regelstyrning）というそれまでの方法を否定して、重要な目標を共通に定め、具体的な実践部分は現場に任せるというスタンスであった。これは教育のみではなく、他分野においても1990年代の改革の土台として存在していた。そのスタンスを体現して、Lpf94は大綱化されたのだった。

　もっとも、各教科に関する規定がまったくなくなったわけではない。それは、レーロプランから独立して、各教科・科目の内容を規定するコースプランで示された。ただし、このコースプランにおいても、それまで存在していた授業時間や教育内容についての詳細な規定はなくなり、目標が記されたのみだった。共通の目標を目指して、いつどのくらいの時間をかけて何を教えるかは、現場の教師達の裁量に委ねられたのである。

図表 5-1　Lpf94 の概要（項目と要点）

学校の基本的価値と任務
1. 基本的価値
   民主主義。相互理解・多文化理解。多様な解釈や主張の尊重。
   平等な教育。生徒が教育の計画に参加する権利と責任。
2. 任意で受ける教育に共通の任務
   第一の任務は、生徒が専念して知識を高められるように、環境を整え生徒に知識を与えること。職業・社会生活に積極的に参加し発展させる責任ある人になるように、生徒を育てる。以下の事柄を育む。生涯学習の基礎。単独・共同での問題解決。コミュニケーション能力や社会性。多様な職業分野についての知識。倫理観。環境への配慮。国際的視点。歴史的視点。関連や全体像を見る視点。
   人生に必要な知識をすべて与えることはできず、それよりも、陶冶、思考、発展に結び付ける。各学校での教育方法開発は重要。
3. 各学校種※に特有の任務と目標
   任務：義務教育の基礎のうえに知識を育て、職業や高等教育での学業の準備をする。また、市民として、および自分の人生に責任をもつ成人としての生活の準備をする。
   目標：高校教育の修了。

教育目標と原則
1. 知識
2. 規律と価値
3. 生徒の責任と参加
4. 教育の選択―職業と社会生活
5. 評価と成績
6. 校長の責任

それぞれの項目について、教育を「方向づける目標」（1. 知識については、「到達すべき目標」も）、および、すべての教職員あるいは教師がすべきことの「原則」が記されている。

※ここでは、高校についての部分を抜粋している。
出典：Läroplan för de frivilliga skolformerna（Lpf 94）より著者が作成。

以下では、その目標を具体的に検討する。まず、レーロプラン全体の教育目的や基盤にある知識観を押さえたうえで、すべての生徒が履修する「数学A」を取り上げて検討していく。なお、教科「数学」のなかには、レベル別に「数学A」から「数学E」までの5科目が設定されており、コア教科科目、すなわち全プログラム共通に必修である基礎レベルの「数学A」のほか、芸術や社会科学プログラムでは「数学B」が、技術や自然科学プログラムではさらに「数学C」「数学D」までが必修とされている[3]。

(2) Lpf94における教育目的と知識観

Lpf94において、学校に課せられた最大の任務は、「知識を伝えること、そして、生徒がそれらの知識を受け入れて発展させる土台をつくること[4]」とされている。ただし、この「知識（kunskap）」についてLpf94で意図されたのは、レーロプラン委員会が示した新しい捉え方だった。

委員会は、構成主義的学習論や状況的学習論を踏まえて、知識を「三つの側面」と「四つの形式」で捉えた[5]。三つの側面とは、以下のような「構成的側面」「状況的側面」「道具的側面」だった。

① 知識は、目標、既有知識、直面する問題状況、人の現実での行動という円環のなかで常に発展してゆくという「構成的側面」
② 知識は置かれる文脈によって価値が異なるという「状況的側面」
③ 知識は生活に役立つ道具であるという「道具的側面」

特に「道具的側面」については、知識を用いて以下の4点に活かすことが目標とされた。

- 仮説を定式化し、試行し、問題を解決する。
- 自分の経験を振り返る。
- 批判的に思考し、言説や関係性を価値づける。
- 現実の問題や職業上の課題を解決する。

以上の「三つの側面」の整理は、伝えられた知識を覚えて再生できること

を重視するのではなく、身に付けた知識を様々な文脈のなかで、道具として用いて発展させてゆくことが重要であるという考え方である。

一方、「四つの形式」は、学習として得られる成果の種類、かつ学習目標の種類であった。その内容は、概念や法則などの「事実（fakta）」、事実を言語で認識し解釈する「理解（förståelse）」、実際の行為である「スキル（färdighet）」、言語化されない感覚的な「熟知（förtrogenhet）」というものである。各教科において、これら4形式がバランスよく含まれることが強調された。特に理論的な認識である「理解」と、実際的な活動としての「スキル」の両方を重視することが重要となった。これは、高校のコア教科においては、それまで中心に行われてきた「事実」「理解」のみではなく、実際的な行為を行う「スキル」の重視を打ち出すものだった。

このような知識観は授業にも反映され、学んだ知識を用いて何かをまとめたり、製作したりするといった活動が多く行われるようになった。筆者が見学した数学の統計の授業では、「週何回運動するか」「日常的に飲む飲み物は何か」といったごく身近なテーマを生徒自らが出し、クラスメイトを中心に数十人にアンケート調査を行い、その結果を表やグラフにまとめて発表していた。また、歴史の授業では、戦争の記事を読んで、議論のための質問を自分たちでつくっていた。[6]

それぞれの教科内容について、高度な知識を要求するのではなく、基礎的な事柄を理解して、実際に自分で使えているのかどうかに重点が置かれていた。特にコア科目においては、どの教科にも共通した特徴であった。

---

(3) Skolverket, *Kursplaner, Gymnasial utbildning, Ämnen, Matematik,* före 2011. http://skolverket.se/laroplaner-amnen-och-kurser/gymnasieutbildning/gymnasieskola/kursplaner-fore-2011/subjectKursinfo.htm?subjectCode=MA&lang=sv、2015年10月20日確認。
(4) Betygsberedningen, *Ett Nytt Betygssystem*（SOU 1992:86）, 1992.
(5) *SOU 1992:94* s. 59–84.
(6) ストックホルムにあるセードラ・ラティン（Södra Latin）高校での1年生の授業。2005年9月4日訪問。

日常的なテーマを用いた統計の授業
「どのくらい頻繁にコーヒーを飲む？」

(3) コースプランに記された「方向目標」

　Lpf94に定められた包括的な教育目的と知識観のもと、各科目の具体的な教育目標は学校庁が示すコースプランに記された。コースプランの目標は実践を通して1990年代後半にも検討が続けられ、2000年に改訂されている。その目標は、「方向づける目標（mål att sträva mot、以下「方向目標」）」と「各科目の修了時に生徒が到達しているべき目標（mål som eleverna skall ha uppnått efter avslutad kurs、以後「到達目標」）」の2種類に区別された。
　「方向目標」は、生徒の能力について発達の方向性を示しており、数学には、すべての科目に共通して以下の10項目が設定されている。[7]
①自分には、数学をさらに学び、数学的に思考し、多様な状況で数学を使用する能力があるという自信を育てる。
②数学的用語、記号、方法、概念、表現方法を解釈し、説明し、使用する能力を育てる。
③問題状況を解釈し、それを数学的概念と記号を用いて定式化し、問題解決のための方法と手段を選択する能力を育てる。

④数学的に考察し、自分の考えを口頭および筆記で表現する能力を育てる。
⑤数学を用いて、独力であるいはグループで、特に選択した専門分野に関連する課題を解決するほか、問題の発生した状況において解決策を解釈し、評価する能力を育てる。
⑥数学の概念や方法を用いた経験、また自分が行った数学的な活動を振り返る能力を育てる。
⑦プロジェクトやグループディスカッションにおいて自分の考えを構築し、問題解決のために様々な方法を定式化し、説明する能力を育てる。
⑧数学的なモデルを形づくり、洗練させて利用し、モデルの状況、可能性、限界を批判的に判断する能力を育てる。
⑨様々な文化のなかでどのように数学が形づくられ、発展し、今もなお発展しているのかについて洞察を深める。
⑩数学のモデルを試行するために、または数学との関連を明瞭にするために、問題解決に際してどのように情報技術が用いられ、情報技術のなかでどのように数学が利用されているのかについて知識を育てる。

　知識を道具として用い、問題を解決し、振り返り、批判的に思考し、現実で利用することを強調するLpf94と重なる目標が並んでいる。新しい概念の獲得や計算よりも、数学の知識を道具として、現実あるいは架空の問題状況で活用することに強調点が置かれていることが分かる。
　活用が強調されている背景には、異なる関心や専門分野をもつ様々な能力レベルの生徒達に対して、数学への学習の動機づけが必要とされている状況がある。つまりそこでは、活用することは、それぞれの生徒のレベルで、様々な文脈に合わせて数学の知識を用いる能力として考えられている。活用する能力は決して基礎を習得した次の発展的な段階に限定されるのではなく、すべてのレベルにおいて現れ、育まれるものなのである。

---

(7)　Skolverket, *Kursplaner, Gymnasial utbildning, Ämnen, Matematik*, före 2011.

(4) コースプランに記された「到達目標」

　以上のような能力の育成を目指す「方向目標」に沿って、各科目には内容領域と能力を規定する「到達目標」が設定されている。数学Aには、計算、幾何、統計、代数・関数の4領域と、数学における科学技術の利用、現実社会における数学の利用に関する目標が立てられた。その内容は、以下に挙げる11点である。[8]

① 公式を利用し、分析し、日常生活および特定の専門分野に意義のある数学的問題が解ける。
② 異なる形式で表現される実数の範囲の数の理解を深め広げる。
③ 電卓などの使用に関わらず、何かを判断する際に日常生活および専門分野に関連のある異なる形式の数量計量についての知識を用いることができる。
④ 幾何の概念に関する深い知識をもち、日常生活の状況および専門分野の他教科で用いることができる。
⑤ 基礎的な幾何の定理と論法を身に付け、概念と多様な考え方を理解して問題解決のために利用できる。
⑥ 統計データを解釈し、批判的に検討し、偏りなく表現することができるほか、一般的な座標軸を解釈し、利用できる。
⑦ 日常生活および専門分野の他教科での問題解決に必要な代数表現や公式や関数を解釈し、扱える。
⑧ 一次方程式と簡単な高次方程式を解釈し、式を立てることができるほか、問題解決のために適切な方法と道具を使うことができる。
⑨ 家計や社会の現実に起こる状況を、方程式や簡単な高次方程式について式を立てて解釈し、利用し、モデル化することができる。
⑩ 問題解決の際、グラフや図の作成や計算のためにコンピュータやグラフ電卓を利用できる。
⑪ 建築物、デザイン、音楽や芸術に関して、数学がどのように我々の文化に関わっているか、また数学的モデルがどのように自然の形式やプロセスを記述できるかということを感じ取る。

多くの目標において、理解すべき内容とともにその利用方法や状況が記されており、日常生活や専門分野との関連が繰り返し言及されている。その最たる例が④や⑦であろう。教科内容を現実で利用したり、専門教育と関連づけることが強調されている。

3　目標に準拠した評価

(1)　評価システムの改訂

　Lpf94をつくったレーロプラン審議会が1991年に設置されたのと同時に、車の両輪とも言えるもう一つの委員会が国会内に設置された。評価システムの検討を行う「成績委員会（Betygsberedningen）」である。この委員会は、レーロプラン委員会とも連携して議論を行い、翌1992年に報告書をまとめた[9]。この委員会の提案に沿って、Lpf94の実施と同時に新しい評価システムが導入されたのだった。
　それまでは、全国の学校で共通して各教科について1〜5の評定が与えられていたが、それが「優」「良」「可」「不可」の4段階で評価されることになった。この変化は、評語や評定段階の数についてだけではなく、より重要な質的な変化でもあった。前者では、全国の同学年生徒を母集団とする相対評価で成績が付けられていたのに比べて、後者では相対評価は廃止され、全国共通のコースプランや成績の基準に照らして各生徒の到達度を評価することになった。つまり、周りの生徒と到達度を比べるのではなく、目標と各生徒の学習成果とを比べて評価を行う、目標に準拠した評価が行われることになったのである。

---

(8)　Skolverket, *Kursplaner, Gymnasial utbildning, kurser, Matematik A*, före 2011.
(9)　Betygsberedningen, *Ett Nytt Betygssystem*（SOU 1992:86）, 1992.

(2) 成績の基準

　学校での各科目の成績は進学時に入学判定資料となるため、全国レベルで教師間・学校間での評価の信頼性を確保することが求められた。実際に生徒の成績を付けるには、レーロプランやコースプランに記された方向目標や到達目標のみでは抽象的で、厳しく評価する教師と甘く評価する教師との間に差ができるため、より詳しい規定が求められたのである。そのため、コースプランの目標に対応して、成績を付ける際の評価基準として、全国共通の「成績の基準（betygskriterier）」が定められた。

　2000年にはコースプランとともに「成績の基準」が改訂され、より詳細な基準が記された。例えば、数学については**図表5-2**のような基準が立てられた。この基準は、数学のすべての科目に共通するものとされた。つまり、レベルや領域が異なる複数の科目に共通する能力が評価され、成績に反映されたのである。

　「成績の基準」からは、コースプランの目標に含まれる能力がどのように発達するものと捉えられているのか、そしてどのような状態が望まれているのかが読み取れる。例えば、数学的推論（matematiska resonemang）に関わる項目は、口頭および筆記で推論を表現すること（G2）を〈可〉の段階とし、積極性（V2）や状況の解釈（V3）が加わると〈良〉になり、他者との議論に参加する（M3）ことで〈優〉が付けられる。すなわち、数学的推論の能力は、他者との議論を目指して育成されていることが分かる。

(3) 評価課題の開発

　以上のように構造化された目標と成績の基準は、教材、学習活動、評価課題など具体的な教育実践については創意工夫の余地を残していた。しかし、これまでコースプランに従って授業を行ってきた教師達である。裁量の拡大に伴って、具体的な授業の進め方や評価をどうすればいいのかと、困難を抱

第5章　高校教育の目標と評価をめぐって　147

図表 5-2 「成績の基準」：数学科

〈可〉	〈良〉	〈優〉
G1. 1ステップで解ける問題を解くために式を立て、適切な数学的概念、解法、プロセスを使う。	V1. 異なる種類の問題について立式し解答するために、適切な数学的概念、解法、モデル、プロセスを使う。	M1. 式を立てて問題を発展させ、問題解決において一般的解決法を選択し、正しい数学用語モデルを用いて明確に考え方の結論を説明する。
G2. 口頭および筆記によって、数学的推論を進んで行う。	V2. 口頭および筆記によって、数学的推論を進んで行う。	M2. 多様な数学的問題解決と数学的推論から結果を分析し解釈する。
G3. 思考を後から辿り、理解し、考えを確かめることのできる方法で、数学的用語、記号、法則を使用し、計算する。	V3. 状況や場面を数学的に解釈し、口頭および筆記によって、自らの論理的思考を表現する。	M3. 数学的議論に参加し、口頭および筆記によって数学的推論を進んで行う。
G4. 予測や推論を、与えられた事実や根拠、証拠から区別する。	V4. 口頭および筆記によって表現し、後からその考えを簡単に辿り、検討し、検討できる方法で、理解できる方法で、数学的用語、記号、法則を使用し、計算する。	M4. 異なる解法を比較して価値づけ、多様な数学的問題から結果と解法を導き、その結果の妥当性を正しさを証明する。
	V5. 多様な問題について、考えた解法を根拠をもって示し、数学の様々な領域の知識を使う。	M5. 仕事や日常生活の発展および文化において、数学がもっていた、そして今もつ影響について述べる。
	V6. 数学が歴史的に発展し利用されてきた例や、自らが生きる時代の様々な分野での重要性について例を挙げる。	

注）番号は筆者による。
出典：Skolverket, Kursplaner, Gymnasial utbildning, Matematik, före 2011 より著者が訳出。

えた教師は少なくなかった。もちろん、レーロプラン委員会は手厚い教員研修が必要であることを認識していたが、バブル経済の崩壊に見舞われ、戦後最悪の不況のなかで十分な研修予算を確保することはできなかった。

このような状況のなかでの対応として、上に挙げた評価基準の明確化とともに、評価課題の開発に力が入れられた。評価課題の開発として第一に取り上げられるのが「ナショナル・テスト」である。

全国悉皆でのナショナル・テストは1970年代から行われていた。相対評価システムの下では、全国の同学年集団のなかでの生徒の順位を明らかにして、学校の教師がそれに連動して学校での成績を付けるという重要な役割を果たしていた。目標に準拠した評価システムの導入によってその役割は、同学年生徒の比較ではなく、コースプランに記された目標と成績の基準が現れるような評価課題を、教師や生徒に具体的に示すものになった。

すでに1980年代から、テスト課題の質的な改善は、大学の各教科教育研究室と現場教師との協働によって行われており、その仕事がそのまま新しいコースプランに対応して良質の評価課題を提供する役割を担ったのだった。

また、ナショナル・テストが示すような評価の具体例は他教科でも必要だという声が多く聞かれた。それに応えるように、1990年代末から学校庁は「テストバンク (provbanken)」の開発に力を入れた。フランス語、ドイツ語をはじめとして、物理や生物、そして職業科目に至る多様な教科の評価課題を集め、ウェブ上で誰もが自由に利用できるようにしたのである。ちなみに、評価の方法や具体例、アドバイスなどを記した冊子も出されている。このように、実際に教師達が教室で使える評価ツールの提供が積極的に行われたのだった。

4 ナショナル・テストの検討

1990年代以前には各学校の判断で参加していたナショナル・テストだが、2001年からは英語、数学、スウェーデン語（あるいは、第2言語としての

スウェーデン語）の３教科については悉皆で行われている。テストを行っている高校教師へのアンケートでは、約８割の教師が「テストの設問が目標を具体化している」と受け止め、約半数の教師が「授業計画の参考にしている」など、教師と生徒に大きな影響力があることが示されている。

また、ナショナル・テストを作成する際に、教育目標に含まれる学力を的確に測定する設問の開発が盛んに行われており、スウェーデン国内の評価研究はナショナル・テストを中心に発展してきたと言われている。

本節では、2005年秋学期「数学Ａ」のナショナル・テストの設問と解説から、目標や評価基準がどのようなテストとして現れているのかを検討する。

数学のテストには、電卓や定理集などの補助なしで解く第１部と、それらを用いて解く第２部がある。特徴として、どの問題も用語や公式などの事実を暗記するだけでは対応できず、それらの意味を理解していることが必要とされる。また、採点においては、単純な序列化を防ぐため、評価基準（147ページの**図表5-2**参照）に照らして各設問に〈可〉の点数と〈良〉の点数の２種類の点数が付けられ、〈優〉の基準を満たす設問には特別な印と評価の観点が付けられている。

例えば、第１部の設問にある**図表5-3**は、円の半径と円周の関係を正しく表しているグラフを読み取って選ぶ問題である。円周を求める公式（２×円周率π×半径）を覚えていて、グラフで表すことができるかどうかが評価される。２種類の領域の知識を必要とする能力は**図表5-2**に示された評価基準のV1に対応するので、〈良〉１点が配点されている。

第２部では、日常的な文脈をもつ問題や、様々な解法が認められる問題が多くある。評価マニュアルの採点事例を見ると、重視されている能力がより

---

(10) ナショナル・テストについては、Lundahl, C., *Varför nationella prov? : Framväxt, dilemman, möjligheter*, Lund: Studentlitteratur, 2009. に詳しい。

(11) Skolverket, *Lärare och elever om gymnasieskolans nationella prov: En enkätstudie*, Stockholm: Skolverket, 2005, s. 8, s. 35.

(12) Lindberg, V., Svensk forskning om bedömning och betyg 1990–2005, *Studies in Educational Policy and Educational Philosophy*, E-tidskrift 2005:1, http://forskning.edu.uu.se/upi/SITE_Docs/Doc233.pdf, 2015年10月20日確認。

図表 5-3 「数学 A」第 1 部のテスト問題例

次の内、円の半径と円周の関係を正しく表しているグラフはどれでしょう。

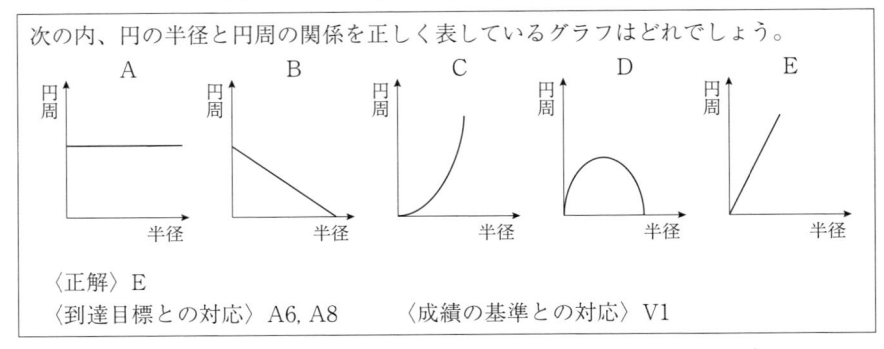

A　　　　　B　　　　　C　　　　　D　　　　　E
（円周／半径のグラフ）

〈正解〉E
〈到達目標との対応〉A6, A8　　〈成績の基準との対応〉V1

出典：PRIM, *Nationella prov Matematik A 2005 vår termin*, Del1, s.4. および Bedömningsanvisningar, s.4. 2005 http://www.su.se/primgruppen/matematik/kurs-1/tidigare-prov, 2015 年 10 月 20 日確認.

図表 5-4 「数学 A」第 2 部のテスト問題例

直角二等辺三角形があります。
右の図のように、直角をはさむ 2 辺をそれぞれ 4 等分します。
色をつけた部分の、三角形全体の面積に対する割合は
どれだけですか。理由も書きなさい。 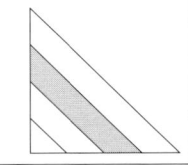
　〈正解〉31%（16 分の 5）
　〈到達目標との対応〉A1, A3, A4, A7
　〈成績の基準との対応〉G1, G3. V1, V3, V4. M1

出典：PRIM, *Nationella prov Matematik A 2005 vår termin*, Del2, s.6. および Bedömningsanvisningar, s.7-11, 2005 http://www.su.se/primgruppen/matematik/kurs-1/tidigare-prov, 2015 年 10 月 20 日確認.

明確になる。**図表 5-4** に挙げた、多様な解き方ができる問題を例にとってみよう。この問題の配点は〈可〉2 点と〈良〉1 点であり、〈優〉点については、①「問題を一般化して発展させ、問題解決において一般的な定理や解法を利用する」と、⑤「正しい数学的用語を用いて、整った構造で説明する」という 2 観点が評価されている。部分点としては、全体を小さな三角形に分割するなどして解こうとしていれば〈可〉1 点、何らかの方法で色を付けた部分の面積を求めていればさらに〈可〉1 点、正しい答えを導けていれば〈良〉

1点である。

満点の解答は、直角を挟む辺を「4x」として、各部分の面積を計算で出すというものである（**図表 5-5** 参照）。これには、「一般的な解法を用い、正しい数学的用語を用いている」というコメントとともに満点が与えられている。

図表 5-5　満点の生徒の解答

面積 $= \dfrac{(b \cdot h)}{2}$　　　三角形の面積：$\dfrac{4x \cdot 4x}{2} = 8x^2$

色のついた部分の面積：$\dfrac{3x \cdot 3x}{2} - \dfrac{2x \cdot 2x}{2}$
$= 4.5x^2 - 2x^2 = 2.5x^2$

全体における、色のついた部分の面積の割合：
$\dfrac{2.5x^2}{8x^2} = 0.3125 = 31.25\%$

答：色のついた部分は、全体の三角形の 31.25％

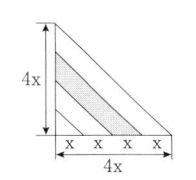

出典：PRIM, *Nationella prov Matematik A 2005 vår termin Bedömningsanvisningar*, 2005, s.10-11, http://www.su.se/polopoly_fs/1.155927.1384786995!/menu/standard/file/VT2005_bedanv.pdf, 2015年10月20日確認。

2人目は、三角形の直角を挟む各辺の長さを自分で「4」と決めて、色の付いた部分を長方形と二つの三角形に分割して全体の面積と比較しようとしている（**図表 5-6** 参照）。しかし、一辺の長さを「4」と決めるとは明示されていない。そして、数値が目分量であり、計算が不適切なために誤答を導いている。それでもなお、三角形を分割して解こうとしているので、部分点として〈可〉1点が与えられている。

3人目（**図表 5-7**）は、2人目と同様に直角を挟む各辺の長さを「4」に固定している。そして、全体の面積Ⓐを計算する。続いて、右上の四角形を取り除いた残りの部分の面積Ⓑと、Ⓑから色の付いた部分を取り除いた残りの部分の面積Ⓒを計算する。その後、Ⓑの面積からⒸの面積を引いて、色の付いた部分の面積を出している。そして最後に、色の付いた部分の面積を全体の面積Ⓐと比較して、「16分の5」という答えを導いている。これは、色の付いた部分の面積を求め、正答を導けているので、2人目よりもよい部分点

152

図表 5-6 〈可〉1 点の解答

三角形は、ちょうど四つの同じ大きさに分かれているわけではない。しかし、色の付いた部分は三角形の面積の 1/4 より大きい。
色の付いた部分を三つに分ける。小さい二つは同じ大きさで、後で四角の面積に加える。その後にその面積を計算して、その答えで三角形の全体の面積を割る。

$\frac{4 \times 4}{2} = 8 \, cm^2$ $\frac{1 \times 0.7}{2} = 0.35 \times 2 = 0.7$

$\frac{3.9 \times 0.7}{2} = 1.365$

$1.365 + 0.7 = 2.065$ 答え：1/4 が色の付いた部分。

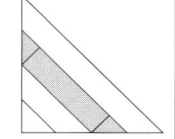

出典：図表 5-5 と同じ。

図表 5-7 〈可〉2 点＋〈良〉1 点の解答

Ⓐの面積：$\frac{4 \times 4}{2} = \frac{16}{2} = 8 \, cm^2$

Ⓑの面積：$\frac{3 \times 3}{2} = 4.5 \, cm^2$

Ⓒの面積：$\frac{2 \times 2}{2} = 2 \, cm^2$

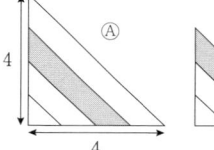

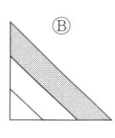

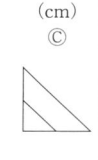

色の付いた部分の面積は、Ⓒには含まれないので、Ⓑ－Ⓒ。
よって、色の付いた部分の面積は、：$4.5 - 2 = 2.5$

これは、$\frac{2.5}{Ⓐ} = \frac{2.5}{8} = \frac{5}{16}$

よって、色の付いた部分の面積は、$\frac{5}{16}$

出典：図表 5-5 と同じ。

図表 5-8 〈可〉2 点＋〈良〉1 点と、〈優〉①の解答

色の付いた部分が三角形に対してどれほどの大きさかを見やすくするために小さく区切った。一番小さな部分は　1 個分
　　　　　　2 番目の部分は　　3 個分
　　　3　　〃　　　　5 個分
　　　4　　〃　　　　7 個分
全体で 16 個分。よって色の付いた部分は 16 分の 5。

出典：図表 5-5 と同じ。

が与えられている。

4人目（**図表5-8**）は、全体を小さな三角形に分割して、色の付いた部分の割合を求めている。これには、「一般的な解法を示している」というコメントとともに、もう少しで満点に届くほどの高い部分点が与えられている。

4人目の解答は、図としては平行線と垂線で正しく合同に分割しているものの、文章では分割の仕方に関しての説明がなく、小さな三角形が合同だという証明もなされていない。また、全体を小さな三角形に分割する解法は初歩的で、「一般化して発展」「一般的な定理や解法」という評価基準には当たらないという見方もできるかもしれない。

しかしながら、採点マニュアルは「小さな三角形に区切るという考え方が一般化可能な解法である」とし、高い点を与えている。数学的な立式や記号操作がなくても、文章での説明が欠けていても、一般化可能な考え方ができることがここでは重視されていることが分かる。

このように、「数学A」のナショナル・テストは、単純な暗記や計算などの処理よりも、現実世界での活用や一般化、そして数学的な考察や問題解決を重視するという教育目標と評価を例示していた。現実にある多様な文脈での活用を取り上げることで各分野に結び付き、様々な表現方法や到達レベルを容認していると言える。

5 　成果と課題

以上に示したような目標設定や成績の基準の提示、そしてナショナル・テストなどによる評価課題の開発が進んだことで、学校での教育は、教材や授業の進度よりも、目標を意識して行われるようになった。教師は授業中に目標や評価基準を生徒に伝え、学習活動の目指すところを共有しながら授業が行われるようになった。そして、その目標は現実社会と結び付いたものであり、生活や職業で学習成果が生かされることが重視されていた。また、その評価においては、序列化することなく、一人ひとり目標に照らし合わせて学

習成果が確認されていた。

　しかしながら、新しい課題も生じている。2000年代に入ると、学校で高い成績が付けられがちになっていることが指摘された。生徒の学習成果が以前の世代より良くなったのではなく、評価基準の解釈が甘くなってよい成績が与えられやすくなり、成績のインフレが起きているとメディアは伝えた。また学校庁も、ナショナル・テストの結果と比べて学校での成績が優位によく、学校ごとにその差が異なっており、特に民間運営の学校でよい成績が与えられがちであることを問題視した。

　こうした課題に対処するために、教師の評価力量の向上が急務とされるとともに、適切な評価が行われることの必要性が認識された。そして、目標と評価が、2000年代の教育改革の重要な一つの焦点になったのである。

第6章

高校における徒弟制教育の模索

1992年　バブル経済の崩壊と若年失業率の急増
1995年　スウェーデンがEUに加盟
1997年　高校徒弟制の実験（〜2000）
2000年　職場における実習（LIA）の実験（〜2003）
2008年　全国徒弟制委員会（Nationella Lärlingskommittén）（〜2011）
　　　　SOU 2011:72『高校徒弟制教育：質に焦点をあてて！――いかにして高校徒弟制教育の質を高めるか？』
2009年　徒弟制審議会（Lärlingsutredningen）（〜2010）
　　　　SOU 2010:19『徒弟制――学校と労働市場をつなぐ橋』
2011年　Prop. 2010/11:104『高校徒弟制の質』

現実の故障車修理を高校で請け負う
（Fredrika Bremer gymnasiet Fredrik）

評価とともに、2000年代に議論の焦点になったのは職業教育だった。1990年代前半の改革で3年制になり、一般教育が拡大したことへの対応のみではなく、バブル経済崩壊後の若年失業率の急増への対応や、1995年に加盟したEUの職業教育政策への対応など、職業系プログラムに課せられた課題は多かった。EUは、域内での労働力の移動を円滑にするために職業資格に関する共通の資格枠組みの整備を進めており、スウェーデンもその対応に迫られた。また、労働力の移動への対応、国際市場における競争力向上が必要とされた。こうした事情から、職場実習と資格認定を焦点に議論は進んだ。そして、これらが2011年の高校全体の改革につながっていった。

本章では、特に職場実習に焦点をあてて職業教育をめぐる2000年代の動向を明らかにするとともに、実際の取り組みの様子を紹介する。

1　職場実習の長期化と質向上

1990年代の改革で誕生した職業系プログラムは、コア教科科目と専門科目との関連が薄い点、特にコア教科科目について生徒の学習意欲が低い点が課題とされた。また、以前の職業教育中心の教育課程に比べると専門性が薄くなったという声も聞かれた。教育内容に関しても、現実社会の変化に比べて時代遅れになっていたり、原則15週間以上とされた職場実習が十分には行われておらず、質が不十分であったりすると批判された。

こうしたなかで、職場での実習拡大や、職場で仕事に従事しながらそこでの指導者から教育を受ける徒弟制（lärlingssystem）に焦点が当てられることになった。1990年代の世界的な不況のなかで、伝統的に徒弟制を実施してきたドイツやデンマークにおいては若年失業率が低かったことから、若年層の失業率対策として徒弟制が注目されるようになったのである。[1]

スウェーデンでは、徒弟制は正規の学校教育としては認められておらず、職業教育は学校制度に取り込まれる形で整備されてきた。それが2000年頃から、特にリーマン・ショック後の経済危機後に失業率が高まったことを受

けて、徒弟制を公教育に導入すべく、現実的にスウェーデンの現状に合う形式が模索されるようになった。

その模索の過程において、1990年代末から2010年にかけて三つの社会実験が行われ、それらと並行して徒弟制に関しての議論が深められた。以下では、その三つを年代順に取り上げて、何がどのように試行錯誤され、発展したのかを検討する。[2]

(1) 1997～2000年の実験

高校職業教育の一部として、徒弟制の実験が行われたのは1997年だった。高校3年間の約3分の1、すなわち約1年間に当たる33週間以上を職場での学習にあてることにした。また、職場での学習は、高校生活の後半となる2～3年次に置くこととされた。

参加した学校は全国で31校のみであり、他の社会実験と比べると小規模なものだった。参加した生徒は概してよく学習した。しかし学校は、学習意欲の低い生徒への教育として捉える傾向があった。企業にとっては経済的な負担もあってメリットが少なく、学校にとっても教育内容の調整が困難で、あまり関心を呼ばなかった。概して、インパクトの小さい実験だった。

(2) 2000～2003年の実験——LIA

先の実験が関心を呼ばなかったことを受けて、その課題点を修正して2000年に改めて徒弟制の実験が実施された。これが「LIA（Lärande i arbetslivet）」（職場における学習）である。

---

[1] Olofsson, J., *Lärlingsutbildning: Svenska erfarenheter och initiativ i ett europeiskt perspektiv*, Stockholm: Svenska institutet för europapolitiska studier (Sieps), 2014, s. 4.
[2] Skolverket, *Utvecklingen av lärlingsutbildningen*, Stockholm: Skolverket, 2013, s. 11-15.

修正されたのは実習時期だった。職場での学習にあてる量は全体の3分の1と以前どおりだが、それを2～3年次に置くという規定を撤廃し、1年次に位置づけてもよいこととした。学校での座学に対するモチベーションが低い生徒にとっては、入学直後に実習に行けるのは大きな魅力となった。

また、職場における学習は、学校ベースで行われている教育と同等なものと見なされることになった。これによって、前回の実験では特別なプログラムや専攻を増設する必要があったのに対して、今回は増設の必要がなく、既存のプログラムで職場における学習を拡大して実施できるという、導入しやすい条件が整えられた。実験参加校には、企業との連携に用いる費用として、生徒1人につき3年間15,000クローナ（約22万5,000円）が与えられた。

国家からの補助金は3年で打ち切られたが、実験は2006年まで延長された。当時の左派政権は2007年に高校改革を予定しており、そのために、労働市場と学校との連携に関する実際の経験とデータを蓄積したかったからである。この間に行われた取り組みの一端は、次節で紹介する。

しかし、この期間、LIAを実施する生徒数は減少していった。そして、2006年秋の選挙で政権交代が起こり、新しく誕生した右派連立政権は即座に、実施が翌年に予定されていた高校改革の中止を発表した。

(3) 2008～2010年の実験──2011年改革の先導的試行

2006年秋の選挙で誕生した右派連立政権は、翌2007年に予定されていた高校改革を中止し、その代わりに2011年秋に高校改革を行うと発表した。この改革に向けて、2008年秋からまた新たな徒弟制の先導的試行が行われることになった[3]。

この先導的試行は、上記した二つの実験を踏まえて教育課程と実施形態が修正された。職場での実習期間は、高校教育の半分、すなわち1,250単位50週以上に延長され、生徒はその学習を一つの科目「徒弟制実験における職場での学習」として履修することもできた。一つの科目にするということは、複数科目のシラバスに書かれた細かな学習内容に縛られることなく、各企業

での仕事に合わせて学習内容を柔軟に変更できることを意味していた。

　実際には、公立校を中心に、徒弟制で教育を受けた約4分の1の生徒がこの科目を履修した。また、特例措置として、徒弟制で教育を受ける生徒達は、通常なら750単位ある共通必履修科目のうち、250単位を省略して500単位に縮小することが認められた。こうした特例措置や条件整備のおかげで先導的試行は注目を集め、以前の実験よりはずっと大規模に実施された。

　徒弟制の先導的試行は、2008/09年度に5,000人の生徒を対象に実施することが計画された。しかしながら、これが公表されたのは2008年春であり、計画期間の短さのために応募は少なく、実施できたのは3,609人であった。学校別の内訳は、民間運営の学校（以下、私立）22校2,039人、市立110校と県立3校（以下、公立）1,570人だった。スウェーデン国内の高校のなかで私立高校の占める割合は17%にすぎないが、応募に関しては、私立高校の関心が圧倒的に高かったと言える。

　その大半、46%を占めたのがバッギウム（Baggium）社の高校であった。プログラム別に見ると、建設プログラムが764人で一番多く、輸送機器プログラムが507人と続き、以下はビジネス・経営、手工芸、エネルギー、工業、電子工学、福祉の順となった。男女比では、ここに挙げた上位8学科については8分の5が男子となった。全体でも、同程度の約3分の2が男子で、女子の割合が低かった。

　予算については、学校庁は初年度に合計約914万クローナ（約1億3,700万円）を拠出した。各実習生には年間25,000クローナ（約37万円）が、指導者教育のためには3,500クローナ（約5万円）が用意された。以前の実験とは桁違いに予算額が多いことが分かる。ちなみに、予算の使途は学校長が決定することができた。

　このように、実験を繰り返すなかで教育プログラムは改善され、学校、企業、そしてもちろん生徒にとって、メリットの大きい方法が模索されてきたのであった。

---

(3) Nationella Lärlingskommittén, *Gymnasial lärlingsutbilsning—hur blev det?: Erfarenheter från första försöksåret*（*SOU 2009:85*）, 2009.

2 徒弟制教育の実際の様子

(1) 個人プログラムでのLIA

　実際に、徒弟制では生徒はどのように学習しているのだろうか。その形態は学校によって違っているが、ここではその一例として、筆者の訪れた高校の様子を紹介する[(4)]。

　前述（122ページ）したフレドリク高校では、2007年にLIAの実験校として実践を行っていた。フレドリク高校は、ハーニンゲ市内に5校ある高校の一つである。ただし、その5校はすべてプログラムが異なっている。フレドリク高校は、建設、工業、輸送機器、電子工学の4プログラムを設置しており、生徒数は約450人（うち、95％が男子）、教師は約60人である。

　フレドリク高校では、2005年度からLIAが始められた。国家からの補助

フレドリク高校

金がない時期であったが、建設プログラムの教師であるトーマス・エクストローム（Tomas Ekström）氏とルーン・リンドロス（Rune Lindross）氏の2人が発案・計画し、建設プログラムの教育資源を用いて実現させた。

　2人は、基礎学校での成績が悪くても意欲のある生徒が職業教育を受けて働ける環境をつくりたいという願いからLIAをはじめた。そのためLIAは、入学に際して基礎学校での成績が必要なナショナル・プログラムとしてではなく、基礎学校の成績を問わない個人プログラムとして開講した。

　ただし、入学に際して基礎学校の成績が関係ないからといって、希望者全員を受け入れたわけではない。約15人の生徒募集に対して100人ほどの応募があったという。この倍率は、通常のプログラムよりもはるかに高い。

　選抜は、まず学校内外での生活、高校選択の理由、建設分野の職業への意向といった質問項目が並ぶ書類審査によって行われた。そのうえで、50～60人の生徒が面接を受け、そのなかから15人ほどの入学者が選ばれた。面接では、人の目を見て話せるか、仲間と職場で協働できそうか、3年間の教育課程を修了できそうか、といった観点から評価された。

　こうした選抜を経て入学したLIAの生徒は、2007年には、1年生16人、2・3年生が各14人だった。この生徒達を、先に挙げた2人の専属教師と、10人の非常勤講師が担当した。

　LIAの生徒は、週に1～2回学校に通い、スウェーデン語や数学などの一般教科および職業教育の基礎知識や理論を学ぶ。残りの3～4日は、各自決まった実習先で実際に仕事をする。3年生になると、学校に来るのは全員週1日になる。国の規定よりも実習が格段に多く、3年間の学習の約7割を占めた。最小限の座学以外は実習を行うということである（**図表6-1参照**）。

　LIA専属の2人の教師は、担当する生徒の実習先を月2～3回ずつ訪問している。2人で3学年の合計約45人の実習先を回るため、授業がない日も訪問予定が多く入っていた。態度や学習姿勢などに問題がある生徒の実習先には、頻繁に足を運ぶという。実習先の指導者と密にコンタクトをとって、

---

(4) 2007年9月20日、21日訪問。

生徒の学習状況や学校と実習先の近状を相互に把握しておくためであった。

これに加えて、生徒が学ぶ姿を教師が間近に見ておくことが、もう一つの重要な目的だった。週に1度の学校の授業で顔を合わせるだけでは、教師と生徒はお互いをよく知ることができない。教師が何度も実習先に足を運んで生徒や指導者と話をすることで、生徒、教師、実習先の指導者の関係が築かれ、敬意をもちながら気さくに話をすることが可能となる。

図表6-1　フレドリク高校LIA 2年生の時間割（2007年）

月		火	水	木	金
8：00〜 9：30	8：00〜8：45 担任との時間	実習	実習	実習	情報
10：00〜11：30	9：00〜10：30 体育				数学X／職業理論
12：00〜13：30	11：30〜13：00 英語				12：15〜13：45 社会
14：00〜15：30	13：30〜15：00 スウェーデン語	〜15：00			職業理論／労働環境

出典：フレドリク高校LIAでの生徒用資料を訳出。

学校内での実習（建設プログラム1年生）
LIAでは、こうした実習の大部分が学外で行われる

（2） 実習先での様子

　教師による実習先訪問を行うエクストローム氏に同行して、筆者も実習先を訪問した。フレドリク高校から車で15分ほどの所にあるボーリンズ・ガラス会社（BOLINS Glasmästeri AB）だった。社長のマティアス・エリクソン（Mathias Eriksson）氏と2人のガラス技工士が働いている小さな会社である。ここで、建設プログラム LIA のガラス専攻3年生であるヨハン君が実習をしていた。

　教師と筆者が到着した時、ヨハン君は事務所で電話を受けていた。顧客からの注文や依頼に対応することも重要な仕事の一つだという。教師とエリクソン氏が、その姿を見ながらお互いの近状を話した。「ヨハンはとてもよく働いているよ」と言うエリクソン氏の言葉に、ヨハン君は少し照れながら、電話の内容をエリクソン氏に伝えてから隣の作業室に向かい、仲間とともにガラスを裁断する仕事に戻った。

　この日のヨハン君の仕事は、割れた窓ガラスのはめ替えだった。大きなガラスを1枚裁断し終えると、ヨハン君はそれをトラックに積んで一人で外に向かった。教師と筆者は現場に同行した。現場に着くとヨハン君は、割れてガラスがなくなった窓枠を確認し、慣れた手つきで窓枠の汚れを落としたのち、持ってきたガラスをはめ込んで外側を固めていった。

　エクストローム氏はその仕事を横で見て、時折アドバイスを挟みながら、ヨハン君と最近の仕事のことなどを話していた。その姿は、

ガラスのはめ替え

実習中の高校生であることを意識させない、落ち着いて仕事をこなす成人だった。

1年次からずっとボーリンズ・ガラス社で実習を続け、3年目になるヨハン君は、一人で様々な仕事をこなしている。実習と言いながら、実際には無給の労働力のようにも見えてしまう。このような筆者の呟きを、エクストローム氏は否定せず、「そうやってバランスをとっているのさ」とさらりと答えた。

企業にとって、長期間にわたってほぼ毎日来る実習生の受け入れは、決して片手間にできることではない。実習中、特に実習開始時には、実習生の教育に多くの時間と労力を費やすことになる。特に小さな企業にとっては、全体の労働量に対する割合から見てその負担はかなり大きいものとなる。だが、高校生は次第に仕事を覚え、技術を身に付けてその企業に貢献する。また、学校で得てきた専門知識が企業に新しい風をもたらすこともある。こうして実習先の企業は、教育にかけた時間や労力を、徐々に成長する生徒から返してもらうというのだ。

職場実習の計画のなかで、企業がその生徒から得る見返りが当然のこととして考えられていることは筆者にとっては驚きだった。事実、生徒が職場実習で学ぶ内容は、身に付ければ経済的利益を生み出すことになる。生徒が学習した内容を活用することが、教育に払った企業の対価になっているとしたら、それはとても合理的で現実的なものとなる。さらに、生徒にとっては、仕事への自信や達成感を得る契機ともなるだろう。

もちろん、生徒には適切な教育内容と環境が保障される必要がある。実習内容に関しては、生徒の3年間の科目履修計画を見ながら、実習受け入れの契約を交わす際に学校と企業が相談しながら担当する科目や教育内容を決めるという。その決定をもとに、職場でのチェックリストを作成する（**図表6－2参照**）。

毎日、生徒はそのリストを使って実習先での活動内容と時間を記録し、週末に職場での指導者に確認のサインをもらって、翌週の登校日に学校の教師に渡す。教師は、活動時間数の状況をチェックして、生徒の学習内容が偏っ

図表6-2 職場での学習内容のチェックリスト

フレドリク高校		建設プログラム			ガラス専攻			
氏名:○○○○○○								
第○週	時間	月	火	水	木	金	合計 今週	合計 総計
欠席								
建築土木技術								
板ガラスA								
板ガラスB								
複層ガラス								
ガラス／金属構造								
自動車用ガラス								
プラスチック								
*協力活動								
*安全管理								
個人選択 基礎コース								
個人選択 鉛ガラス・工芸ガラス								
個人選択 フレーム								
その他の建築活動								

*複数の科目に含まれる単元

指導者のサイン

_____

出典：フレドリク高校LIAでの生徒用プリントを訳出。

ていれば実習先に話をして調整してもらうことになる。

　このような形で、学校と実習先の企業とが、その生徒に必要な学習内容を相互に把握しながらカリキュラムを実施してゆくのである。

　実施された学習の評価については、活動時間だけではなく仕事の質や量を見るために、コースプランに書かれている目標や全国一律に規定されている「成績の基準」を学校と企業と生徒がともに理解して、それに準拠してつくられた独自の評価表を用いていた。この評価は、生徒自身に成長を認識させ、学習の励みにするために学習の途中で繰り返し行われている。同時に、多様な側面から生徒の成長を見守る意識を実習先の指導者にもってもらうことにも寄与しているという。

　最終的な成績については、「成績の基準」に基づいて、教師と指導者が話し合って〈優〉〈良〉〈可〉〈不可〉で付けられる。

図表 6-3　科目「板ガラス（Planglas）A」コースプラン

科目の目標 　この科目では、平らなガラスを用いた仕事の計画と実施に必要な基礎知識を提供する。仕事のための材料、仕事の進め方、利用方法、経済、技術の知識も提供する。ガラスのリサイクルについての基礎的な知識を与えることもこの科目の目標である。加えて、どのような仕事環境が安全で望ましいかに関する知識を与える。
科目修了時に生徒が到達しているべき目標 ・板ガラスの保管と取り扱いにおける重要点を理解する。 ・ガラス製品の特徴と利用方法を知る。 ・経済的に利益が出るように材料を見積もって用いることが出来る。 ・課題に対して正しい器具を用いることが出来る。 ・道具と設備を管理することが出来る。 ・環境保護を意識するために、基礎的な環境についての状況を知る。 ・危機管理や安全面に気を付けて仕事を行うことが出来る。

出典：Skolverket, *Kursplaner, Gymnasial utbildning, Kurser, Planglas A*, före 2011. http://skolverket.se/laroplaner-amnen-och-kurser/gymnasieutbildning/gymnasieskola/kursplaner-fore-2011/subjectKursinfo.htm?subjectCode=GLTE&courseCode=GLTE1206&lang=sv#anchor_GLTE1206, 2015 年 10 月 20 日確認。

図表 6-4　科目「板ガラス A」の成績の基準

〈可〉の基準 ・職場の指導者とともに、事前に決めた計画に沿って自分の作業を行う。 ・装備規則の例を挙げ、ガラスを用いた仕事におけるその役割を挙げる。 ・仕事を進めるために、材料、器具、設備を正しく取り扱い、管理する。 ・環境問題を縮小するために材料をどのように利用出来るかを、例を挙げて説明する。 ・安全な仕事環境を意識しながら自分の課題を行う。
〈良〉の基準 ・材料と規則に関する情報を見つけ、自分の作業を進めるためにその情報を用いる。 ・仕事のために必要な材料の消費量を計算し、プロセスを説明して結果を記述する。 ・多様な材料についてどのような仕事に適しているかを例示し、その理由を述べる。 ・仕事環境において危険を回避する方法の例を挙げる。
〈優〉の基準 ・責任をもって定められた時間内に仕事を行う。 ・経済面と環境面を考慮して材料と方法を選択し、選んだ理由を述べる。

出典：図表 6-3 と同じ。

図表6-5　科目「板ガラスA」の評価表

会社名					
生徒名				200X年	○○学期
活動の質 仕事は注意深く正確にできたか	1　2 失敗が多く 質が悪い	3 普通	4	5 とても良い	
仕事量 仕事の量、速さ、エネルギー	1　2 とても遅い	3 普通	4	5 とても迅速	
学びとる能力 新しい内容を身に付ける	1　2 とても遅い	3 普通	4	5 とても迅速に 身に付ける	
活動への意欲 自発的に、意欲的に、関心を持って教育を 受けているか。積極的に活動を行っているか	1　2 とても遅い	3 普通	4	5 とても良い	
リーダーシップ 自発的に、自律的に 仕事をする能力	1　2 自発性がない	3 普通	4	5 とても自発的	
協働する能力 関係者や同僚と合意して、 グループで仕事をする能力	1　2 誰とも合意 できない	3 良い活動は できる	4	5 協働しやすい	
規律 勤務時間や職場のルールを 守っているか	1　2 無頓着	3 規律は守る 良い	4	5 とても規則 正しい	
パフォーマンス 普段の振る舞い、素行	1　2 悪い	3 良い	4	5 優秀	
成績の提案 (1～5で付ける) 最高の成績は5				サイン	

出典：フレドリク高校LIAで使用されているプリントを訳出。

「実習生の受け入れは一企業の利益に留まらず、次世代を育むという観点から、その産業にとっても非常に有益だ」

このように話すエリクソン氏の言葉には、実習先企業の具体的な利益を直視する現実性と、長期的な視点から産業や社会にとっての有益さを捉える感覚とが同居している。そのバランス感覚は重要だろう。

ヨハン君は、LIAの3年間を修了後、約2年間の研修期間を経れば一人前のガラス技工士として認定される。「入学時から決めていたわけではないけれど、今はここで働き続けて、ガラス技工士になるつもりだ」と話すヨハン君について、エリクソン氏もLIA修了後に雇用する意向を示していた。

スウェーデンでは、実習が就職につながる場合が少なくない。そういった意味でLIAは、学校での勉強が苦手で、高校に入学できない生徒が雇用を

得るチャンスとも言える。このようにLIAは、学校と企業、社会、そして生徒の視点から有益なように考えられているのである。

　エクストローム先生とエリクソン氏は、「職場での実習と並行して、学校で学ぶことも重要だ」と口を揃えた。高校生は将来、親になったり、何かのスポーツ・リーダーになったり、社会のリーダーになったりする。職業的な側面とともに、このような市民としての側面も学んでいく必要がある。

　また、企業で仕事をする時にも、製品の価格計算などでは数学の知識が必要になるし、書類作成や会議ではスウェーデン語や英語で学んだことが活かされる。基礎学校での成績が振るわなかったヨハン君は、高校に入ってから、基礎学校のレベルから数学やスウェーデン語を学習し直した。特に数学は、職場でエリクソン氏に教えてもらうことも多々あったそうだ。

　学校と企業は、このように具体的に生徒に対応しながら協働して教育を進めている。「学校での勉強より、もちろん仕事のほうが楽しいけれど……」とヨハン君は肩をすくめながらも、「科目の種類は多くないし、その内容は重要だ」と強調していた。生徒自身が、その科目を苦手としながらも、内容は大切だと考えていることが印象的であった。

(3)　学校での学習

　翌日は、学校で行われていた2年生の授業を見学した。2限目は数学の授業だった。第2学年の生徒12人が、基礎学校レベルのクラス（5人）と、高校レベルのクラス（7人）の二つに分かれていた。

　エクストローム先生は基礎学校レベルのクラスを担当し、「塗装コース数学」と書かれた自作のプリント集を使って図形の学習を行っていた。長方形、正方形、二等辺三角形の周囲の長さと面積を求めるといった基本例題の後、四隅が欠けている長方形や家の形を扱う文章題といった応用問題が続いた。

　生徒全員が自力で問題を解いてゆくのを確認しながら、先生は職業とのつながりを意識した言葉をかけていた。

　「部屋の四隅には柱があるから、その部分にはカーペットはいらない。買

LIA・数学の授業風景

わなくていいのだから、お金がかかる面積だけを正確に測りたい」
　「この長方形は扉の形。二等辺三角形は屋根の部分。この部屋の中に、どれだけペンキを塗る壁がある？」
　数学が仕事に必要だということを、こうした練習問題を使って伝えていた。早急に答えを出そうとする生徒に対しては、教師が「計算の方法が大切だ」と強調して、どのように解いたのかと説明を求めていた。逆に、教師の説明が速すぎると、生徒が「分からない」と言葉を荒げるといった場面もあり、難しく感じつつも考え方を理解しようとする生徒の意欲が読み取れた。
　もう一方の、高校レベルのクラスでは、生徒にも馴染みのある日刊紙に掲載されているグラフを用いて、統計の学習が行われていた。作為的なグラフが差異を強調したり隠したりする例を見せ、普段の生活で騙されないようにと注意しながら問題を解いていた。両方のクラスとも、学校での学習内容が仕事や社会での生活に結び付いているというメッセージが強く含まれていた。
　4限目の職業理論では、第2学年全員が、職業に関する知識や理論を学習していた。生徒は、ガラス、塗装、木材、壁紙など、各自の専門分野のテキストと問題集を教師から受け取って、個別に学習を行う。それぞれの生徒の学習進捗状況は、教師が一覧表で把握していた。

生徒は、分からない時に挙手をして教師を呼んで質問をする。3人の教師が教室を回って個別に対応し、生徒が解いた問題の答え合わせもしていった。生徒同士のやり取りは少なく、さながら寺子屋のような状況である。

「複数の専門分野に、次々と対応できるのですか？」と教師に尋ねたところ、「学習内容はとても基本的なことで、長年この分野に関わってきている教師にとっては簡単だ」という答えが返ってきた。学校は基本的な事柄を教えて、職場実習を知識面から支えていると言える。学校で学ぶ知識と実習先での仕事の関連を強く意識したカリキュラム、そしてエクストローム先生のように一般教科と職業教科の両方の授業を担当している教師がいることによって、職場と学校のつながりの強さを生徒達に伝えていた。

以上のように、職場実習を中心に学習を進めるという徒弟制の教育は、生徒一人ひとりに対応しており、将来の仕事を見据えながら学校での学習も行っていた。もちろん、すべての生徒がヨハン君のようにうまくいくわけではない。企業とのマッチングに失敗したり、学習環境が適切に保障されなかったり、生徒が熱心に取り組まなかったりと、様々なトラブルも起こっているという。それでも、エクストローム先生は「LIAの教育はとてもよい」と自負していた。生徒達の学習意欲を高めて、将来につながる教育ができているからだろう。

しかし一方では、同様の教育が全国レベルで導入されることに関しては多少懐疑的だった。このような教育を行うためには、教師に職業的専門性やその業界での多くのコンタクトをもっていることが必要となるほか、企業や生徒とも十分な話し合いを行ったうえでの協働が必要とされるからである。フレドリク高校のLIAは、少人数制の個人プログラムだからこそ可能だったとも言える。

言うまでもなく、徒弟制の教育には、十分なスタッフと企業の協力・連携が不可欠なのである。

第7章

2011年の改革：進路に応じた専門性の強調

2000年　高校委員会2000（Gimnasiekommittén2000）（〜2002）
　　　　　SOU 2002:120『知識に向かう八つの道：新しい高等学校の構造』
2004年　Prop. 2003/04:140『知識と質——高校発展のための11ステップ』
2006年　右派連立政権成立
　　　　　予定されていた改革の中止（2006/07 UbU3）
2007年　高校審議会（2007års gymnasieutredningen）（〜2008）
　　　　　SOU 2008:27『将来への道：改革された高校』
2009年　Prop. 2008/09:199『新しい高校での高い要求と質』
2011年　高校改革（2015年まで導入期間）
　　　　　高校レーロプラン（Lgy11）

プロジェクト活動
街に飾るオブジェをつくる（Polhemgymnasiet）

前章までに見たように、教育目標と評価の扱いをより明瞭にし、徒弟制を正規の高校教育として位置づけるような改革が、2011年に実施された。しかし、その改革は決して順風に進められたわけではなく、短期間のうちに紆余曲折を経て実施されたものだった。本章では、この改革実施に至る2000年代のプロセスを辿ったうえで、結果として何がどのように変化したのかを明らかにする。

1 2000年高校委員会の提案と断念

(1) 1990年代の改革の評価とさらなる総合化

1990年代の高校改革は、2000年前後に様々な視点から検証され、批判もなされた。例えば、平等を重視して共通性を高めたが、現実にはプログラム選択において社会背景や性別による偏りが見られることが明らかにされた[1]。個々の科目を重視する科目組立方式は、教育のまとまりを見えにくくし、教師の協働を困難にしたと批判された[2]。その他、前章までに見たような成績のインフレや職業教育の質向上の必要性などが課題として挙げられた。

こうした声が高まりつつあった2000年、当時与党だった社会民主党は国会内に「2000年高校委員会（Gimnasiekommittén2000）」を設置した。この委員会は、1990年代の改革の成果と課題を明らかにすべく、高校のプログラム選択の偏りや中退の多さ、教育の質向上、成績システム、労働市場の変化に応じた教育内容、労働市場と学校との協力といった幅広い課題の検討を行った。そして、その検討結果に基づく議論によって新しい高校の構想を打ち出すことが求められた[3]。

このような幅広い課題について、2000年高校委員会は、国際的な動向を鑑みながら、基本的には1990年代の改革の方向性を引き継いで問題点を改善していこうとした。すなわち、委員会では、知識観や能力観に関する理論

的考察、国際比較調査、労働市場の将来予測、青年意識調査などをもとに、高校で育成すべきコンピテンスの確定を試み、市民生活への準備をするために職業教育とともに一般的な能力を重視した。

2000 年高校委員会は、高校 1 年でプログラムを変更する生徒が毎年 2 万人（入学者数の約 1.5%）以上もいることを根拠に、プログラム選択が適切に行われていないと考え、特に進学か就職かの選択が早すぎると批判した。そして、入学時の選択肢を 8 セクターの広い分野区分に留めることを提案した[4]（**図表 7-1 参照**）。つまりこれは、進学系か職業系かという選択を入学時には行わず、各セクター内で 1 年間は共通の教育を行って、その後、進学か就職かも考え合わせて専攻を選択し、さらに専門分化していくという構想だった。

図表 7-1　2000 年高校委員会が提案した高校入学時の課程分岐（セクター）

年数	セクター
3年制	サービス
	人間・社会
	文化・コミュニケーション
	経済・社会
	建築・不動産
	自然・社会
	工業・生産
	工業・デザイン

出典：SOU 2002:120 s.199 をもとに筆者が作成。

この構想は、第 2 章で見た 1976 年高校審議会の提案を彷彿とさせる。1981 年に出されたその提案も、学科をまとめて入学時は 3 セクターのうちから選択し、2 学期の後に進路に応じて専門分化していくというものだった。つまり、その頃から一貫して、左派政権の下で進められる改革は専門分化を遅くして共通教育を拡大する方向性が目指されてきたと言える。

---

(1) Svensson, A., Består den sociala snedrekryteringen?: Elevernas val av gymnasieprogram hösten 1998, *Pedagogisk Forskning i Sverige*, 6（3）, 2001, s. 161–172.
(2) Skolverket, *Reformeringen av gymnasieskolan（Rapport nr 187）*, Stockholm: Skolverket, 2000, s. 48.
(3) Gymnasiekommittén 2000, *Åtta vägar till kunskap – En ny struktur för gymnasieskolan*（SOU 2002:120）, 2002, s. 4.
(4) *SOU 2002:120* s. 204

(2) 共通教科の増加と専門性の維持

　教育課程編成の枠組みについては、基本的には既存のものを踏襲し、全員必修の「コア教科」「専門教科」「個人選択」、そしてプロジェクト活動にあたる「高校活動（gymnasiearbete）」の四つの枠からなっている（**図表7-2**参照）。コア教科については、それまでの8教科750単位に、歴史50単位を加えた9教科800単位が設定された。すなわち、スウェーデン語（200単位）、英語（100単位）、数学（100単位）、保健体育（100単位）、社会（100単位）、宗教（50単位）、理科（50単位）、芸術（50単位）、歴史（50単位）である。

　変更の第一の要点は、専門教科について、複数の科目をまとめたブロックをつくった点だった。専門教科は、各セクター内で共通の必修科目をまとめた「セクター・ブロック」約600単位、セクター内で分かれた各専攻に必修の科目をまとめた「専攻ブロック」約300単位、さらに専門性を高めるための科目群「深化ブロック」約300単位と区分された。1990年代の改革で導入された科目組立制に対する批判として出されていた、各科目の独立性が高く教育にまとまりがないという意見をふまえて、段階的な専門化を導くために複数の科目がまとめられ、構造化されたのである。

　第二の要点は、「高校活動」と名前が変わったプロジェクト型の学習において、以前よりも直接的に専門分野に関連づけた活動を行うという点である。

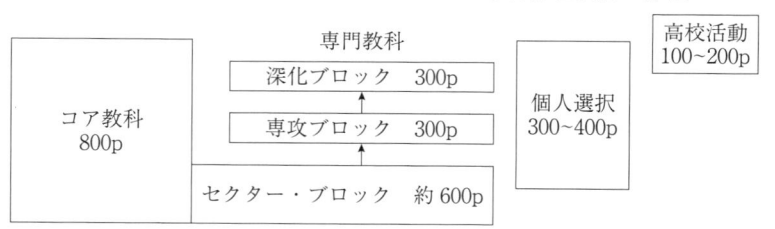

図表7-2　2000年高校委員会が提案した教育課程編成の枠組み

出典：SOU 2002:120, s.217. をもとに筆者が作成。pは単位数。

これらによって高校教育は、広いスタートから段階的に専門化し、修了時には次の進路につながるように専門性を明確にすることが目指された。こうした2000年高校委員会の構想は、それまでの総合化の方向性を踏襲し、さらに進めたものであったと言える。つまり、高校修了時点での専門教育のレベルは保持したまま、入学時には分岐を減らし、すべての生徒に共通する履修科目は増加させることで高校としての共通性を高めようとしたのである。

　専門教育の強化を望む意見もあったものの翌年この構想は承認され、2007年から実施される準備が進められた。しかしながら、実施予定の前年である2006年秋の国会総選挙で政権が交代し、社会民主党政権に代わって新しく成立した右派連立政権は、予定されていた高校教育改革の中止を即座に発表した。そして、改めて高校改革を議論するために国会には「2007年高校審議会（2007års gymnasieutredningen）」が設置された。こうして、上述の計画はあっけなく幕を閉じたのだった。[5]

2　2007年高校審議会の提案

(1)　職業教育への焦点化

　高校改革のために改めて設置された2007年高校審議会の検討課題は、先の高校委員会と同じく、高校のプログラム構成や教育課程を改革する方針を決定することだった。そして、両方の議論において職業教育が重要な論点になっていた。ただし、新しい審議会での論点は、起業家精神、職業系プログラムでの高校教育非修了者の多さ、労働市場との結び付き、高校入学時・大学入学時の生徒の基礎知識不足など、より明確に職業教育に焦点化されていた。[6]

---

[5]　Utbildningsutskottet, *Återkallande av vissa beslut rörande gymnasieskolan* (2006/2007UbU3), 2006.

職業教育に検討課題が焦点化されていた2007年高校審議会では、国際的な動向や提言を反映しながら、生徒の進路先である労働市場や高等教育のニーズを満たすことが強く意識された。そして、現行の高校の教育課程では、プログラム間の差異が少なく教育内容が画一的であると批判した。これは、共通履修教科を拡大しようとしていた先の2000年高校委員会とは正反対の捉え方だった。

　画一的であるという課題に対応するために、もっと明瞭に分化し、進路に応じた専門教育に時間を割くことが主張された。それによって生徒が卒業後に労働市場ですぐ働けるような能力を身に付け、若年層の失業率を下げるという狙いもあった。よって2007年高校審議会は、プログラム区分を再編して種類を若干増やし、進学系と職業系とを明確に区分することを提案した。つまり、それぞれ異なる入学要件を課し、修了時には別種の修了認定資格を与えるという提案だった。進路に応じてプログラムの教育目標を明瞭にするという意図から、それまでの進学系（studieförbered）プログラムと職業系（yrkesförbered）プログラムという名称も、「大学準備プログラム（högskoleförberedande program）」と「職業プログラム（yrkesprogram）」と進路を明示する名称に変えられた。

　このように、進学系学科と職業系学科との間の差異を拡大することは、統合を目指してきたこれまでの方向性を転換し、分岐型学校制度へ回帰するものだという批判もあった。2007年高校審議会の報告書には、七つの市と、職業教育に関わる研究を行う国内の4大学の研究室と連携して行った調査研究・議論が盛り込まれてはいた。[7]しかしながら、この審議会については伝統的な意味で審議はしておらず、その結論は選挙前のマニフェストを具体化したものにすぎないという指摘もある。[8]

(2)　各プログラムの専門教育の拡大

　以上に見たように、学科構成については大きな転換が主張されたのであるが、教育課程編成については2007年高校審議会も、共通教科、専門教科、

個人選択、プロジェクト型の活動という4種の枠組みを保持していた。**図表7-4**のように提案した。

専門教科内に専攻やプログラム深化という区分を設けて段階的な専門化を保障することは、2000年高校委員会と同様である。ただし前項で見たように2007年高校審議会の提案は、入学時の専門分化が明瞭であり、個人選択の単位数は減って専門教育の単位数が拡大している。つまり、さらに強い専門化が見込まれていると言える。

変更の要点は、第一に共通履修科目にある。2007年高校審議会は、コア教科科目は職業系プログラムの生徒には難解すぎ、進学系プログラム

図表7-3 2007年高校審議会が提案した入学時の課程分岐（プログラム）

年数	プログラム	
3年制	進学準備プログラム	経済
		芸術・人文
		自然科学
		社会科学・メディア
		技術
	職業プログラム	建築・設備工業
		動物・自然
		電気・エネルギー工業
		航空工業
		自動車・運輸
		商業・経営
		手工芸
		ホテル・ツーリズム
		工業技術
		リーダーシップ・健康
		レストラン・食材
		船舶
		空調・温度管理・湿度管理技術
		福祉介護

出典：SOU 2008:27 s.377, s.485. をもとに筆者が作成。

の生徒には簡単すぎて、どちらにとっても不適切であると批判した。この考えから「コア教科」を廃止し、「高校共通教科」を設定した。高校共通教科は、プログラムに応じて各教科の教育目標と単位数が異なる。例えば、歴史、社会、理科は、職業系プログラムでは50単位の科目を履修し、進学系プロ

---

(6) kommittédirektiv 2007:8
(7) Gymnasieutredningen, *Framtidsvägen – En reformerad gymnasieskola（SOU 2008:27）*, 2008, s. 4.
(8) Lundahl, L., *Op. cit.*, 2008, s. 40.

図表 7-4　2007 年高校審議会の提案した教育課程編成の枠組み

共通　1000〜1800p		専攻 300〜600p 各プログラム 0〜6 専攻	プログラム 深化 200〜900p	個人 選択 200p
高校共通教科 単位数や教育目標はプログラムによって異なる	プログラム内 共通の専門教科			
		専門教科		
資格課題　100p				

出典：SOU 2008:27, s.370. をもとに筆者が作成。p は単位数。

グラムでは 100 単位の科目を履修する。このため、職業系プログラムにおける一般教科の学習は 600 単位程度に縮小する。

　第二の変更点は、職業系プログラムと進学系プログラムの差異が拡大したことに伴って、高校教育修了が「高校職業教育修了資格（yrkesexamen）」と「大学準備教育修了資格（högskoleförberedande examen）」とに区分された点である。積極的には、職業教育を受けたことを証明して就業しやすくしたり、進学準備を十分に行ってきたことを保障する役割が期待されたが、このことは、大学進学に関わって議論の的になった。すなわち、現行ではどのプログラムを修了してもコア教科を合格していれば大学入学の基本要件が得られるが、修了資格を区分すれば「高校職業教育修了資格」では大学入学は不可能となるのだ。

　これについて 2007 年高校審議会は、大学入学要件の水準まで一般教科を学ぶことが職業系プログラムの生徒には過度に負担を強い、専門教育を妨げていると考えていた。ただし、その一方で、職業系プログラムへ入学したら大学進学の可能性が断たれてしまうという状況になることは強く危惧されており、個人選択科目の枠を利用して大学進学に必要な科目を履修する可能性を残すこととされた。

　さらに重要な変更点として注目を集めたのは、前章に記した数回にわたる実験を経て、専門教科の大部分を職場で働きながら行う「徒弟制教育（lärlingsutbildning）」が正式な高校職業教育として設定されたことだった。それまでスウェーデンでは、徒弟制は特別な場合のみの例外的な措置だった。

しかし、前章で検討したように、徒弟制は現実の労働市場のニーズに対応するためと同時に、学校を中退し、失業者になりやすい若者への対策としても期待されたのである。

この提案は、レミスを経て学科の構成に若干の修正が施されて2011年から実施されることになった。ただし徒弟制に関しては、実際の運用や職場における教育の質の保障などについて具体的に検討する特別審議会が設置されて、さらに議論が続けられた。

3 　高校改革の実施

(1) 　目的

2011年に行われた高校改革の主要な目的として、次の4点が掲げられた。[9]
①生徒が、将来への準備を万全に行うこと——つまりこれは、卒業後の進路、すなわち大学進学や職業をより強く意識するために各プログラムの専門教育を拡大し、水準を上げるという主張であった。職業教育は、高校卒業後、生徒がすぐに専門的な仕事に就けるように水準を上げる。そのために、専門分野の教育時間を拡大する。また、学校と労働市場との結び付きを強める必要がある。

逆に見れば、これは共通履修科目の縮小を意味していた。それは、すべての生徒に共通する能力を軽視することのように見える。しかしながら、すべての生徒に必要な汎用的能力の育成は重要であることが注記された。汎用的な能力は専門分野に関わらず育成すべきものではあるが、そのような能力は、特別の共通教科を学習することによってではなく、専門性を身に付けるなかで同時に身に付くという説明が行われたのだった。

---

[9] Skolverket, *Gymnasieskolan 2011*, Stockholm: Skolverket, 2001, s. 12.

②**全員が目標を達成すること**——様々な教育指標の国際比較が行われるようになり、スウェーデンでは修了要件を満たさずに高校生活を終える生徒の割合が他国よりも高いことが顕在化した。高校を修了していない生徒は失業のリスクも高いため、高校中退率を下げることが重要だと考えられるようになった。在学中の学習支援を密にし、3年間で高校教育を修了できるようにすることが目指された。

これに連動して、高校での学習水準を保持するために、その前提となる学習が必要となるとして高校入学要件の引き上げも行われた。入学要件を満たせない生徒のためには、補習的なイントロダクションプログラム（Introduktionsprogram）が準備された。

③**高校のすべてのプログラムは平等であること**——2000年代初頭、高校は多様化し、全体像が見えづらくなった。地域独自の科目や特徴をもつ特別プログラムが増加し、あまりにも多様になったために、生徒、保護者、関係者から、科目やプログラム間の違いが分からず、全体像がつかめないという声が上がっていた。こうした独自設定科目やプログラムの教育の質は規定されておらず、教育課程を修了したらどのような成果が得られるのかも評価しにくいという批判があった。この批判に対して、高校を卒業したら何ができるのかといった学習成果の保障を、職業教育も含めて、国として行う必要性が指摘された。

④**教育実践に関わる規定をより明瞭にすること**——教師の教育活動を適切に方向づけてサポートするとともに、生徒、保護者、関係者に、高校の教育内容と専門性の水準を知らせる。そして、学習、雇用、職業において、若者の国際的な流動性を促進する必要性からも、学習成果、特に高校修了資格を明示化する必要性が強調された。

これらの目的を貫いて見られる特徴として、高校職業教育を充実させ、質を高め、その学習を積極的に認定する意図が読み取れる。それは、現実社会での経済や産業との結び付きを強固にして高校教育の役割を再定義しようとするものでもあった。

（2） 職業プログラムと大学準備プログラム

新しい高校は、職業につながる「職業プログラム」と大学への進学を前提とした「大学準備プログラム」とを明瞭に区分し、職業プログラムのなかの学習形態の一つとして徒弟制を位置づけた。具体的には、**図表7-5**のように12の職業プログラムと6の大学準備プログラムの合計18プログラムがナショナル・プログラムとして設定され、これらとは別に、入学要件を満たさない生徒のための五つのイントロダクションプログラムが設定された。[10]

原則的に各学校は、全国共通に定められたこれら18プログラムから一つ以上のプログラムを選んで開設した。これ以外の特別編成のプログラムや、地域設定科目を安易に許可しないことで、教育の質を保障する方針だった。その一方で、労働市場や各地域の新しい教育ニーズに対応して、将来的に新しいナショナル・プログラムがつくられる可能性は残された。また、生徒個

図表7-5　2011年の改革で導入された高校のプログラム構成

職業プログラム	大学準備プログラム
児童・レクリエーション 建築・設備 電気・エネルギー 自動車・運輸 商業・経営 手工芸 ホテル・ツーリズム 工業技術 自然資源活用 レストラン・食材 空調・湿度管理 福祉・介護	経済 芸術 人文 自然科学 社会科学 技術
	イントロダクションプログラム 準備教育 プログラムに準じた個人選択 職業イントロダクション 個人選択 言語イントロダクション

出典：Skolverket, *Gymnasieskolan 2011*. Stockholm: Skolverket, 2011, s.16, s. 30. をもとに著者が作成。

---

[10] *Ibid.*, s. 16-34.

人の学習ニーズへの対応として、ナショナル・プログラムの枠内で教育を個人化することは認められた。

さらに、特別な事情がある時には、いくつかの科目を省略する短縮プログラム（reducerat program）を設置することが認められた。短縮プログラムでは、省略する単位数に制限はないが、高校修了資格は与えられない。あるいは反対に、校長の判断によって、追加で科目履修を行う拡張プログラム（utökat program）を設置することも認められた。このプログラムでは、標準より長い授業時間数が保障された。

それまでの職業系プログラムと進学系プログラムは、15週間の職場実習（APL）が求められるかどうかで大まかに区分されていたのみだった。しかし、新しい高校では、図表7-6に示したように異なる入学要件と修了要件、そして異なる修了資格が設定された。

スウェーデンにおいて、高校修了を一つの「資格」として認めたのはこれが最初であった。そして、この資格が職業プログラムと大学準備プログラムを明瞭に区分して2種類用意されたことが、それまで統一を目指してきた高校教育改革の方向性を変える大きな変化とされた。

また、前述したように、職業プログラムの教育の一形態として新しく職場実習を多く行う教育、すなわち徒弟制が位置づけられている。職業プログラムでは、学校ベースの教育か徒弟制かのいずれかを選択できる。修了資格は、ともに「高校職業教育修了資格（yrkesexamen）」である。つまり、理念的には、学校でも職場でも同等の教育を行っているということだった。徒弟制は、職業教育の教育課程をより柔軟に編成・実施する方法として位置づけられたと言える。

なお、学校ベースの教育においても、職業プログラムにはすべての学科に共通して15週間以上の職場実習（APL）が推奨された。これは1990年代の改革の際に導入されたものだが、2000年代に入っても実際に15週間実施しているプログラムは少なく、実習場所の確保やそこでの学習の質が問題視されていた。

徒弟制はこの15週間の職場実習を拡張して、3年間の半分以上、すなわ

図表 7-6　職業プログラムと大学準備プログラムの違い

	職業プログラム	大学準備プログラム
入学要件（基礎学校の最終成績）	・スウェーデン語、英語、数学の合格 ・その他5教科の合格（合計8教科）	・スウェーデン語、英語、数学の合格 ・その他9教科の合格（合計12教科） ※経済、人文、社会科学プログラムは地理、歴史、社会、宗教を、自然科学、技術プログラムは生物、物理、化学を含む。
修了要件	・2,500単位履修 ・2,250単位合格（以下を含む） ―スウェーデン語（1）、英語（5）、数学（1） ―400単位以上の専門教科 ―卒業研究	・2,500単位履修 ・2,250単位合格（以下を含む） ―スウェーデン語（1）（2）（3）、英語（5）（6）、数学（1） ―卒業研究
修了資格	高校職業教育修了資格（yrkesexamen）	高校修了資格（gymnasieexamen）

※　教科名の後ろの括弧付数字は科目名。
出典：Skolverket, *Gymnasieskolan 2011*, 2011, s.20-21 をもとに著者が作成。

ち 1,250 単位 50 週以上の学習を職場で行うというものだった。教育課程編成は各学校に任されており、実際の職場での実習は、1年次から開始しても、2年次から開始してもよいとなっている。ただし、3年次のみでは50週を職場で学習することができないので、遅くても2年次から開始する必要がある。

　職場で実習を行うためには、その前に一定程度の専門教育が必要となるため、学校ベースの教育では多くの場合2年次以降に専攻を選択するが、徒弟制では1年次から専攻に分かれて専門的な学習ができることとされた。

　なお、イントロダクションプログラムの一つに職業イントロダクションプログラムがある。そこでも職場での実習が求められているが、量に制限はない。その生徒にとって、「学校で学習したほうがよい」と学校が判断すれば、すべてを学校で学習することができる。反対に、徒弟制が適していると考えられれば、実習時間を多く取ることも可能である。

　高校の教育課程については、共通の必履修科目の取り扱いが大きく変化し

図表 7-7　工業技術プログラムと社会科学プログラムの科目構成

		工業技術プログラム	社会科学プログラム
高校共通教科*		600： 英語 (5)、歴史 (1a1)、保健体育 (1)、数学 (1a)、理科 (1a1)、宗教 (1)、社会 (1a1)、スウェーデン語 (1)	1,150： 英語 (5)(6)、歴史 (1b)、保健体育 (1)、数学 (1b)(2b)、理科 (1b)、宗教 (1)、社会 (1b)、スウェーデン語 (1)(2)(3)
専門教育	プログラム共通	400	300
	専攻	300〜400	350〜450
	専門深化	800〜900	300〜400
卒業研究		100	100
個人選択		200	200
合計単位数		2,500	2,500

※　教科名の後ろの括弧付英数字は科目名。その他の括弧なし数値は単位数。
出典：Skolverket, *Gymnasieskolan 2011*, 2011, s.158, 263. をもとに著者が作成。

た。一例として、**図表 7-7** に、職業プログラムの一つである工業技術プログラム（Industritekniska programmet）と、大学準備プログラムの一つである社会科学プログラム（Samhällsvetenskapsprogrammet）の科目構成を示す。

　職業プログラムでは、共通必履修科目すなわち一般教育が縮小し、その分だけ専門教育にあたる「プログラム共通教科」「専攻」「専門深化」が拡大していることが分かる。これに、専門分野の教育を行う「卒業研究」と「個人選択」を合わせると、工業技術プログラムでは合計 1,900 単位、すなわち 76％ が専門教育にあてられていることになる。

　このように専門教育が拡大した代わりに一般教育が減少したため、職業プログラムから大学に進学するためには、規定の共通履修科目に加えて、スウェーデン語中級レベルの 2 科目 (2)(3) と、英語中級レベルの 1 科目 (6) の追加修得が必要になった。これら 3 科目はそれぞれ 100 単位なので、個人選択で 2 科目を選択しても 100 単位分は追加で履修する必要がある。職業プログラムへ入学すると、大学進学が困難になったということである。

4 高校のレーロプラン Lgy11

2011年には、プログラム構成の改革と同時に、新しいレーロプランも実施された。教育課程編成の枠組みや方向性に大きな変更点は見られなかったが、Lpf94では成人教育と共通のレーロプランだったものがこの改訂において高校が独立し、成人教育や特別支援教育とは別のレーロプランがつくられた。

なお、同時に改訂された義務教育段階のレーロプランにおいても、サーメ学校や特別支援学校とは別立ての基礎学校のレーロプラン（Lgr11）がつくられた。各教育機関にそれぞれ独自のレーロプランがつくられたことによって、以前より限定的で明瞭な目的が記されるようになった。

Lgy11は、Lpf94に記されていた「学校の基本的価値と任務」と「教育目標と原則」を基本的にはそのまま踏襲しながら、高校に特化した記述になっている。そして学校庁は、このレーロプランに「各プログラムの教育目標」と「高校共通教科のコースプラン」を加えて、約200ページの冊子にまとめて学校現場に提示した。[11]

コースプランについては、1990年代に方向目標と到達目標という2種類に区分された目標が、再び1種類にまとめられた。その目標には、生徒が発達させるべき能力に関して、期待される学習成果が記された。例として数学の「教科目標」を見てみると、**図表7-8**のようになっている。教科全体を貫いて重視する考え方や学習活動の形式が記されたうえで、育成を目指す七つの能力が記されている。その能力に関する記述は、抽象的なキーワードでは

---

[11] Skolverket, *Läroplan, examensmål och gymnasie gemensamma ämnen för gymnasieskola 2011*, Stockholm: Fritzes, 2011.（この冊子に、以下の三つの法令が含まれている。Förordning (SKOLFS 2011:144) om läroplan för gymnasieskolan, Förordning (SKOLFS 2010:14) om examensmål för gymnasieskolans nationella program, Förordning (SKOLFS 2010:261) om ämnesplaner för de gymnasiegemensamma ämnena）

なく、学習の結果として生徒ができるようになるパフォーマンスの形で書かれている。そして、そのパフォーマンスは、各科目のレベルや内容領域において見られるものである。それぞれの科目では、このなかからいくつかの目標が選択されて、学習の目標に据えられている。

図表7-8　数学の「教科目標」

　数学の授業は、生徒が数学的に活動する能力を育てる。つまり、数学的な概念や方法について理解を深め、数学的問題を解いたり、社会や職業に関わる状況で数学を使ったりするために、様々な解法を身に付ける。授業では、生徒が自分の創造性や数学スキルを試し、深め、広げるような機会が与えられる。さらに授業では、生徒が多様な状況で数学を適用したり、個人と社会にとっての数学の意義を分かったりする能力を育てる。

　授業では、様々な学習の形式や方法が用いられ、探究的な活動も行われる。場合によっては、関連する現実の状況に結び付けて学習を行う。授業では、生徒が様々な形式で意見を表現する機会が与えられる。さらに生徒には、数学の論理、総合、創造、多面的な性格を経験しチャレンジする機会が与えられるようにする。授業では、問題解決の際には生徒に目標と手段の両方において選択の余地を与え、生徒が様々な状況において数学を使う自分の能力に自信を強めるようにする。授業では、生徒はデジタル技術や機器を用いる能力を発展させるのみではなく、各専門教科で用いる他の道具を用いたりすることもできる。

数学の授業を通して生徒は次の能力を発達させる
①数学的概念の内容および概念間の関連を用いたり記述したりする。
②道具を使っても使わなくても、標準的なレベルの課題を理解して解く。
③数学的問題を立て、分析し、解き、また選択した戦略、解法、解答を説明する。
④現実の状況を解釈して数学的なモデルを構築し、モデルの特長と限界を利用し評価する。
⑤数学的思考を辿り、行い、評価する。
⑥数学的な考え方を、口頭や、筆記や、パフォーマンスで伝える。
⑦数学を、その意義や、他教科、職業、社会、歴史のなかでの利用と結び付ける。

出典：Skolverket, *Läroplan, examensmål och gymnasie gemensamma ämnen för gymnasieskola 2011*, 2011, s.90–91. をもとに著者が作成。

これらの目標は、教師が授業を構想する指針であると同時に、教師が評価をする際の指針でもある。この教科目標に対応して、評価基準がつくられた。評定に関しては、それまでの〈優〉〈良〉〈可〉〈不可〉の4段階評価では生徒の成長を十分に表現することができないといった批判を受け、国際的な動向も鑑みて、A〜F（Fは不合格）の6段階に改められた。評価基準は、A、C、Eの3段階に以前の〈優〉〈良〉〈可〉の基準を対応させる形で、コースプランとともに各教科に示されたのだった。

図表7-9　Lgy11　数学1a　評価基準　〈Aの基準〉　　（C, Eは下線部が変化）

- 生徒は、問題の中心概念の意味を<u>確実に</u>示し、その内容を<u>複数の</u>形式で<u>詳細に</u>記すことができる。さらに、<u>確実に</u>それらの形式を変換できる。生徒は<u>複雑な</u>数学的問題や専門教科の問題状況を解決するために、<u>確実に</u>概念を利用できる。生徒は、電子機器やその他の補助具を使っても使わなくても、標準的なレベルの問題について、<u>複数の解法</u>を用いて、間違いを発見し<u>修正し</u>、<u>確実に合理的な方法</u>で解くことができる。

- 生徒は、<u>複雑な</u>現実文脈の数学的問題を定式化し、分析し、解くことができる。それらの問題は、複数の概念を含み、高度な解釈を必要とする。問題解決において生徒は、言葉での式によって表現されるような一般的な関連を発見する。活動において生徒は、専門教科の問題状況の適する部分を<u>選び</u>、応用し、数学的モデルを<u>適用して</u>、数式に置き換える。生徒は、解答の正しさや、選んだモデル、解法、方法、そしてそれらの別解を<u>適切に</u>確かめることができる。

- 生徒は、<u>根拠をもって適切に</u>数学的な思考をし、<u>適切な判断</u>を下し、自分や他者の論理を発展させ、また、推論と根拠ある主張とを区別することができる。さらには、口頭、筆記、パフォーマンスで自分の意見を<u>確実に</u>表現し、数学記号やその他の表現を、<u>目的と状況に応じて適切に</u>使用することができる。

- 生徒は、例をあげながら、<u>科目での学習内容の幾つか</u>を、職業生活、社会生活、数学の文化史に関連づける。またその例のもつ意義について、<u>根拠をもって適切に</u>論述できる。

5 生徒数の変化から見る改革の現実

(1) 職業プログラムの志願者減少

2011年の改革後、職業プログラムに進学する生徒数が減少した。改革前は、対応する学科・専攻には約37％の生徒が入学していたのに対して、その割合が、2011年度31.4％、2012年度29.4％、2013年度約28.7％、2014年度約27.3％と継続的に減少した。特に、女子で職業プログラムを選択する生徒の割合が減少し、2007年度には35％だったものが2011年度には23％になった。

また、2014年度には高校全体の入学者数が900人増加しているのに対して、職業プログラムへの入学生は1,200人減少している。ただし、この減少分全員が大学準備プログラムに進んでいるわけではなく、大学準備プログラムの増加は600人に留まっている。生徒数の増加が著しいのはイントロダクションプログラムであり、合計1,400人の増加、特に「言語イントロダクション」は1,100人増加した。

職業プログラムの希望者が減少している一方で、企業による高卒労働者のニーズは大きいという分析もある[12]。企業は求める人材を雇用できておらず、多くの高校卒業者が労働市場の求める能力を身に付けていないというのである。このような実情を背景に、労働市場も職業教育や徒弟制に関心をもっている。

また、問題は卒業生の能力のみではなく、職業教育の領域に関する点にもある。1980年代以前は、労働市場の要請に応じて学校教育の重点分野が定められていたが、1990年代以降は生徒の自由な選択が重視されるようになった。その結果、必ずしも仕事につながる教育が行われているという保障がなくなった。こうした問題点を乗り越えるために、職業教育の質の向上が強調され、それぞれのプログラムにおける労働市場と学校との連携システムが

図表7-10 プログラム別第1年次生徒数に占める徒弟教育履修者の割合（2008/09～2012/13年度）（％）

プログラム	2008/09	2009/10	2010/11	2011/12	2012/13
児童・レクリエーション	3.0	3.4	4.3	4.0	4.5
建築・設備	12.3	13.2	13.5	9.0	6.2
電気・エネルギー	3.3	3.7	3.7	2.4	2.5
自動車・運輸	8.7	8.3	7.6	5.1	4.4
商業・経営	5.6	6.8	8.1	8.6	8.6
手工芸	7.9	8.4	10.4	6.1	4.2
工業技術	9.0	9.0	7.4	4.5	3.0
自然資源活用	3.0	4.4	4.1	2.0	2.7
空調・湿度管理	22.9	22.6	20.6	11.6	12.5
福祉・介護	4.1	5.3	5.3	5.5	7.5
レストラン・食材およびホテル・ツーリズム	3.2	3.9	3.4	3.8	4.5
メディア	0.3	0.4	0.3	—	
合計	5.8	6.5	6.7	5.4	5.1

注1：1年次生徒数は各年度秋学期（前期）に在籍していた生徒数。徒弟教育履修者は1年次春学期（後期）に徒弟教育のための国家補助金を申請した生徒数。
注2：プログラム名は2011年の改革後の名称。それ以前の年のデータは、対応するプログラムのものを記載。レストラン・食材およびホテル・ツーリズムは、2011年以前は「ホテル・レストラン」と「食材」プログラムだったものが「レストラン・食材」と「ホテル・ツーリズム」に再編されたので、共通に示している。
出典：Skolverket, *Utvecklingen au lärlingsutbildningen*, Stockholm: Skolverket, 2013, p.29

模索された。

　その重要な一つが徒弟制だった。全体を見ると5％つまり20人に1人程度が選択しているにすぎない小規模な教育課程だが、この導入は先に見たよ

⑿　Olofsson, J., *Op. cit.*, 2014, s. 89.

うに、2011年改革における大きな変更点だった。しかしながら、徒弟制の教育課程で学ぶ生徒数については、試行段階よりも2011/12年度以降の正式実施に入って減少していることが統計で明らかにされた。2008/09年度～2010/11年度の試行時には毎年約4,400人の生徒が開始したが、2008/09年度には3,700人、2012/13年度には2,300人となっている。また、各プログラム内での徒弟制履修者の割合を見ても、「児童・レクリエーション」と「福祉・介護」以外は軒並み減少傾向にある（**図表7-10参照**）。

　もっとも、生徒数のみで改革を評価することはできない。前章で見たように、もともと徒弟制は個別の丁寧な指導が必要な、大規模に行いにくい教育の形態であることを鑑みても、この数値の意味合いをもう少し丁寧に確認しておく必要がある。よって次節では、徒弟制に焦点を当てて検討を行う。

（2）　徒弟制

　2008/09年度に徒弟制の試行が始まった時、高校入学者総数は増加しピークを迎えていた。そのため、この年の入学者は希望する学科への競争率が高くなった。その競争の手段となる基礎学校の最終成績が低い生徒達にとっては、徒弟制は高校教育を受ける最後のチャンスと見なされた。すなわち、徒弟制は積極的に選択したというよりは、消極的に選ばれたと言える。

　徒弟制を履修している生徒の特徴として、学校での学習に困難を感じたり飽きたりして、基礎学校修了時の成績が低い生徒が多いと言われた。学校庁のアンケート調査によると、約25%の生徒が「自分の成績で入学できたから」という理由で徒弟制を選んでおり、多くの生徒が基礎学校の教師にすすめられたという。つまり、その領域の仕事に関心の高い生徒が必ずしも選んでいるわけではなかった。

　そのうち、3分の1の生徒が、他の学科に一度入学して中断したという経験をもっている。これは、積極的な選択と捉えることも消極的な選択と捉えることもできるが、いずれにせよ、徒弟制はその教育を修了できなければ他の教育課程も無理だろうと考えている生徒が多いと言える。

徒弟制は職場での学習が中心だからという理由で、学校での学習に困難を抱えている生徒や学習意欲の低い生徒が多く集まって来る。しかしながら、実際には徒弟制は決して生易しいものではない。早朝から夕方までに至る職場での実習では、様々な初めての事柄を次から次へと学ぶ必要があるし、それに加えて、学校での専門教育と一般教育の学習もしなければならない。見方によっては、単調に学校で過ごすよりも大変な生活である。だからこそ、学習意欲がないと修了するのが困難となる。

　こうした実際の大変さが伝わっておらず、徒弟制の実際の姿や、そこで行われている教育課程の中身を正しく高校選択時に知らせることが一つの課題と指摘されている。また、教師にとっては、学習に困難を抱えており、特別な支援が必要な生徒であるにも関わらず学校に来る日数が少なく、小規模な学校が多いために対応するスタッフの数も十分ではない。徒弟制を運営するうえでの困難は、想像以上に多くあると言える。

　高校全体で見れば生徒数は減少しているが、私立高校の増加に伴って学校数は増加している。2004/05年度には、高校数は全国に763校（公立516校、私立247校）だったが、2011/12年度には1,005校（公立506校、私立499校）になっている。[15] つまり、各学校とも小規模になっている。スウェーデンの学校では生徒数に応じた予算配分が基本であるため、このことは徒弟制の運営を困難にしている要因でもある。

　徒弟制に限定してみると、2012/13年度の2年生で実施している学校は全国177校（公立110校、私立67校）である。学校内の徒弟制を受けている生徒数は、平均12人（公立8人、私立19人）だが、5人以下の学校が56校あり、小規模校で行われることが多い。実習先の定期的な訪問など、教師が一人の生徒のために費やす時間が長いからである。

---

[13] Skolinspektionen, *Gymnasieal lärlingsutbildning: En kvalitetsgranskning av gymnasial lärlingsutbildning*（*Kvalitetsgranskning Rapport 2013:02*）, Stockholm: Skolinspektionen, 2013.

[14] Skolverket, *Utvecklingen av lärlingsutbildningen,* Stockholm: Skolverket, 2013.

[15] *Ibid*, s. 20.

学校監査庁による 2012 年の調査によれば、徒弟制の質は学校によって大きく異なり、その質を左右するのは、職場との連携がうまくいっているか、特に教育の具体的な中身が検討できているか、という点にあった。検討を学校と職場とが共同で行えている例は少なく、生徒のフォローアップや評価の方法は多様であった。こうした連携を担っているのは職業教科の教師だった。多くの学校で、生徒は実習での活動がどの科目の内容に対応しているのか把握しておらず、ずいぶん後になってから成績が与えられるといった状況だった。

この報告書では、実際に成功裏に徒弟制を行っている学校の具体的な様子から、成功の秘訣として次の 5 点が指摘されている。

①学校から継続的に、労働市場にコンタクトを取る方法を明示化し確立する。労働市場で必要とされている能力の明確化が、質の高い徒弟制を行うために重要である。
②教師が定期的に職場を訪れる。職場が教育の質向上を自覚するために時間とリソースが必要。職場の指導者が、教育を自分の職務の一つと考えられるようにする。
③科目のシラバスと実習内容の対応表をつくり、職場の指導者が生徒を評価できるようにする。
④学校と職場が協力して、生徒の動機づけを行う。
⑤体系だった質向上の仕掛けが必要である。

6　教育の質向上のための専門教育の強化と多様性の確保

2011 年の高校改革では、各プログラムの専門教育が一層重視され、専門分野や進路に応じて、特に進学か就職かという進路希望に応じて教育課程の差異が拡大した。この点を見れば、総合化を目指してきた 1960 年代以来の方向性から大きく転換したと言える。

その転換は、直接的には 2000 年代の政権交代を反映して行われた。しか

しながら、それは決して政治的主張のみを反映して突然に起こったわけではなかった。前章までの議論と照らし合わせて2000年代に行われた二つの提案を見ると、それらの対立が、1980年頃に見られた専門分化をめぐる議論と類似していることに気付く。すなわち、専門分化を遅く少なくして共通性を拡大するか、それとも進路の固定化は防止しながらも早期からの明確な専門分化と専門教育を強調するかという議論である。つまり、方向性の転換を生じさせるような主張は、かねてより存在していた。1990年代には共通性を拡大する方向で改革が進められたが、今回はさらなる共通性の拡大が打ち出されたものの、それが行われず、専門性を重視する方向で改革が進められたのである。

　その専門教育の重視を体現していたのが徒弟制の導入だった。徒弟制は、高校職業教育が社会と乖離して時代遅れになっているという批判を乗り越えるものとして、そしてまた、急増した若年失業率を下げるための有効な手立てとして期待を背負って導入された。しかしながら現実には、運営の困難さをはじめ数々の課題が指摘されており、今後の見通しは決して明るいとは言えない。

　ただし、徒弟制の教育課程は専門教育を拡大した特別な編成であるが、それは決して特殊な教育として位置づけられたわけではなかった。第6章で見た徒弟制をめぐる議論と実験を踏まえて、徒弟制は通常の職業プログラムの一形態として導入されていた。具体的には、学校ベースの職業教育と目標を共有し、同じ修了認定資格が認められることになった。それはつまり、同じ教育目標に向かいながらも、それぞれの生徒に合った形式で学習を進める可能性が広がったということができる。徒弟制は、専門教育を強化する役割を担うとともに、高校教育全体を捉える視点から見れば、教育形態の多様性を広げるという機能を見て取ることができる。学校という枠を改めて見直し、高校教育として必要な事柄を再定義しつつ、多様な若者のすべてを包括する学校として再構築されつつあると言えよう。

終章

高校教育の共通性と専門性

ヨーテボリ、リンドホルメン（Lindholmen）地区の学校群。左奥から、進学系プログラム中心の高校、工業系の高校、調理系の高校、芸術文化センター、シャルマス工科大学が並ぶ

スウェーデンにおける約半世紀の高校教育課程の変容を辿ってきた。終章では、序章で立てた三つの課題に沿って歴史を整理し直し、スウェーデンの高校教育改革を通して私たちが何を学び取ることができるのかを考察する。三つの課題とは、以下の通りである

・高校段階における専門分化は、どのように研究・議論され、実際に行われてきたのか。
・高校教育としてすべての生徒に保障される共通性は、どのように研究・議論され、実現されてきたのか。
・ナショナル・カリキュラムであるレーロプランは、どのように研究・議論され、実際に改訂されてきたのか。

1 専門分化をめぐる議論と改革

(1) 学科構成について

　専門分化をめぐる議論は、高校の学科・専攻（専修）構成についてどのような分野を設置するかという論点と、各学科・専攻において生徒がどのように専門化していくかという論点の二つがあった。序章で挙げた教育課程編成の構成要件（21ページの**図表序-3**参照）に照らして言えば、これらは、多くの若者に各分野の専門教育を行うという「教育目的」に合わせた、教育課程の「構造」に関する議論である。前者は、教育の範囲に関わり、後者は教育の順序に関わる。一教科内の単元の配列について論じる際に用いられる概念を援用すれば、前者は「スコープ」、後者は「シーケンス」に関わる論点と言える。

　前者は、どのような分野の教育を高校教育に含むかという議論だった。これについては、第1章で見たように、高校誕生前に存在していた各種の教育・訓練が議論の出発点にあった。すなわち、大学進学準備の教育や様々な

分野の職業に直接的に結び付く各種職業教育である。これらの多様な教育・訓練を統合するものとしてつくられた高校は、共通の新しい教育課程を打ち出すよりは、既存の教育課程を尊重してスタートしたのだった。

そして、1970年代から一貫して、社会の産業分野や職業に沿って、あるいは産業構造の変化や将来予測に沿って専門分野が設定されていた。第2章で検討した高校審議会とSAFとの議論においては、高校審議会の構想した専門分野の区分に対して、現実の社会や職業分野に対応していないという批判がSAFから出されていた。つまり、高校にどのような学科を設定するかということが、社会の専門分野とのつながりにおいて検討されていたのである。それは国全体の共通の決定事項でありながらも、第3章や第6章で扱った職業教育をめぐる議論に見られたように、それぞれの地域や学校の現実に合わせて議論され、具体化されていた。

また、1990年代の改革（第4章）および2011年の改革（第7章）のいずれにおいても、多様化し複雑化しすぎた学科や専攻を整理することが課題の一つとされ、シンプルに再構成することが目指されていた。そして、実現した学科構成について、どのような専門分野が設定されるのかが一覧表で確認されていた。高校改革は、常に、学科構成の改革でもあったとも言える。

このように全体の学科構成が重視されるのは、その全体が、高校がどのような教育を提供し、社会に対してどのような役割を果たすのかという意思表示にほかならないからである。学科は第一義的には、生徒が高校入学の際に選択するためや、各学校が特色を出すといったことのためにあるのではなく、むしろ具体的な教育課程の内容を表し、高校教育全体の方針を定めるものとして存在してきたと言える。

(2) 専門化のプロセスについて

上に指摘したように、高校改革においては常に学科の多様化や複雑化の解消が目指されていた。その対応策としてまず思い付くのは、1970年代の高校誕生の際に行われたように、それぞれの教育課程を踏襲しながら共通する

部分を重ね合わせて複数の分野を一つにまとめることである。しかし、1990年代の改革で実施されたのはこうした単純な再編成ではなかった。もう一つの論点である、専門化のプロセスの見直しが同時に行われたのである。

1970年代の学科は「ライン」と呼ばれた。ここでは専門化は、何度かの選択によって細分化していく「一本の道」というイメージで捉えられた。それが、1990年代の改革によって学科は「プログラム」と呼ばれることになった。ここでは、入れ子構造になっている大小複数の枠内に科目を当てはめて、生徒自らが教育課程を編成する。すなわち、専門化は「徐々に細くなる道」として用意されるのではなく、科目を当てはめていく「入れ子構造の枠の重なり」によって実現されるイメージになったのである。

枠の中に学校や生徒の選択の余地を残すことによって、高校教育全体の学科構成としては包括的かつシンプルに社会の産業分野を示しながら、学校や生徒には、それぞれのニーズに応じた多様化や個別化を可能にしたのだった。

このような専門化に対するイメージの変化は、専門分化に関する議論を単純な分化時期の問題に矮小化しなかったからこそ行えたものだった。専門化の議論は、教育課程にどのレベルまでの専門教育を含めるか、そしてそれに連動して、いつ分化を行うかが問題になりがちである。第2章で取り上げた議論はまさにそうだった。そこでは、高校審議会が共通の教育を多くして専門教育の開始を遅くしようと考えたのに対して、SAFは変更可能性を残しながらも早期から積極的に専門教育を取り入れようとしていた。

しかしながら、そこで両者が共通していたのは、早期の進路決定や固定化を回避しようとする姿勢だった。進路の固定化は時代の流れに合わず、本人にとっても無理が大きく、リカレント教育の理念にもそぐわないという合意があったのである。この合意を土台にして、フレキシブルな教育課程編成が支持され、議論の焦点は専門分化の時期ではなく、専門分化の捉え方と方法の再検討に移っていったのだ。

（3） 専門分化と科目構成

　また、こうした専門化の捉え方の変化は、学科構成や各学科内の教育課程編成のみではなく、一教科内の科目構成にも現れていた。第5章で取り上げた数学は、その変化がよく分かる。

　Lgy70においては科目区分がなく「数学」1教科で、ラインの種類によって異なる目標、内容、時間数があてられていた。つまり、学習前にどのレベルまで学ぶかは決定されており、ラインが違えば同じ数学という名称でも互換性がない場合があった。

　それがLpf94では、すべてのプログラム、ひいては成人教育も共通に、レベルと領域別の5科目が設定された。数学A（100単位）、数学B（50単位）、数学C（100単位）、数学D（100単位）、数学E（50単位）である。このように科目に区切られたことによって、各生徒は、どの段階まで学ぶかについて、学びながら途中で決定できるようになった。つまり、数学Bで終了予定だったとしても、学んでいて関心が高まりもっと学びたいと思うようになったら、数学C、数学Dと続けて履修できるようになったのである。

　そして、これらの科目はプログラムを超えて互換性をもった。そのため、プログラムを途中で変更しても、以前のプログラムで既に修得した科目は認定される。また、成人教育機関で履修した科目も同じように認定される。このように各科目が独立して互換性をもつようになったことで、フレキシブルな教育課程編成が可能になった。このおかげで、専門化のプロセスについて早期に見通しをもつことが必ずしも必要ではなくなったのだ。

　ところが、このようにすべてのプログラムの生徒が同じ科目を学ぶことには批判が向けられた。第7章で見たように、Lgy11では、レベルや領域別の科目区分を維持しながら、再び学科の性格によって3種の科目郡に分けられた。**図表終-1**を見ても分かるように、Lgy70とLpf94を足し合わせたような構造になっている。

　以上のように、専門分化をめぐる議論は、社会との関連において高校の役割を定義する役割を担うものだったと言える。そして、その議論の末に設定

図表終-1　Lgy70、Lpf94、Lgy11 における「数学」の教科と科目の関係

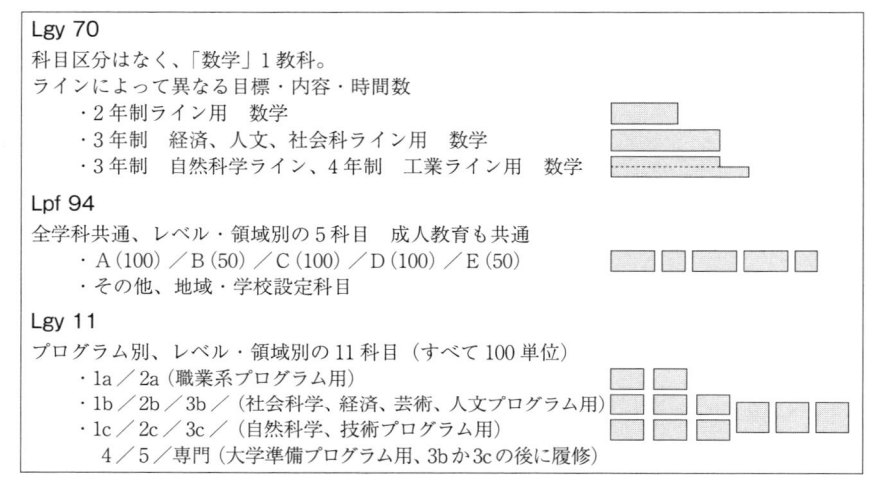

```
Lgy 70
科目区分はなく、「数学」1 教科。
ラインによって異なる目標・内容・時間数
 ・2 年制ライン用　　数学
 ・3 年制　経済、人文、社会科ライン用　　数学
 ・3 年制　自然科学ライン、4 年制　工業ライン用　　数学

Lpf 94
全学科共通、レベル・領域別の 5 科目　成人教育も共通
 ・A（100）／B（50）／C（100）／D（100）／E（50）
 ・その他、地域・学校設定科目

Lgy 11
プログラム別、レベル・領域別の 11 科目（すべて 100 単位）
 ・1a／2a（職業系プログラム用）
 ・1b／2b／3b／（社会科学、経済、芸術、人文プログラム用）
 ・1c／2c／3c／（自然科学、技術プログラム用）
 　　4／5／専門（大学準備プログラム用、3bか3cの後に履修）
```

出典：著者が作成。括弧内の数字は単位数。

された学科区分は、生徒に対して社会に存在する多様な専門分野を示し、何らかの専門性を保障する役割を担っていた。さらに、そこで重要な特徴として、専門教育を保障しながらも進路を固定化しないという方針や、生徒の自由な選択を保障するという方針から、専門分化は既定のプロセスとして計画されるのではなく、教育課程には何種類もの選択が位置づけられていた。

　そのような高校教育においては、生徒が高校を選び、高校に通って学習し、そして自らの教育課程編成について考えることが、すなわち将来の職業や生活についての全体像を捉え、多くの選択肢を吟味して、何かを選び、それに向かって実際に進んだり試行錯誤したりすることと紙一重になっている。教育課程に特別に置かれている進路指導の時間よりもむしろ、高校教育を履修して行くプロセスそのものが社会生活やキャリアにつながるように構造化されており、それが明示的に示されていると特徴づけられるのである。

　こうした特徴は、専門教科のみならず一般教科にも関わるものであった。一般教科においては、数学を例に上述したように、具体的な教科目の構成やその内容の差別化あるいは共通化に示されており、それぞれの学習の意味が

専門家のプロセスに関連して検討されていた。専門分化をめぐる議論は、専門教育と一般教育の両面から高校の意義を問い直し、高校教育全体の方向性を定めるものだったと言うことができよう。

2 高校教育としての共通性

(1) 共通性の変化

　前節に見たように専門教育によって高校の意義が定められると同時に、単一の後期中等教育機関としては、どの学科にも共通する高校教育としての特徴が不可欠であった。特にスウェーデンでは、1940年代の初等教育改革から一貫して、分離のない平等な学校教育が社会統合や平等な社会の実現につながるという考え方があった。その考え方をベースとして高校教育では、多様な分野の専門教育が重視される一方で、「万人のための学校」としての共通性が求められた。高校における教育課程改革のすべては、各専門性の深化と全体での共通性との関連をどう付けるかという問題であったと言っても過言ではない。

　共通性に焦点を当てて前章までの議論を見れば、第1章で見た1970年代の高校の誕生では学校制度としての共通性が確保された。ただし、実際にはラインごとに教育課程が異なっており、それらの共通性を高めようとする主張が第2章と第3章で取り上げたさらなる改革に向けた議論を進めていた。特に第3章で見たように、1980年代の議論においては、職業系ラインの教育課程においてどのように共通性を高めるかが大きな問題となっていた。それはつまり、ラインを越えた共通性が各分野の職業専門教育の水準を下げることなく、逆に教育の質向上に寄与するものとなり得るかどうか、そうするためにはどのような性格の教育が必要かという議論だった。

　そこで行われた議論と実験は、第4章で見た1990年代の改革につながり、

この改革で教育課程の共通性が格段に高まった。ただしそれは、第5章で数学の教育目標や評価基準を通して明らかにしたように、それぞれの専門分野の文脈に合わせて位置づけられていた。つまり、共通に重視される知識や能力は、それぞれの専門分野のなかで生かされることが前提とされていた。

しかしながら、共通の教育課程よりも専門教育を重視する声が高まり、2011年の改革（第7章）では、教育課程の内容の共通性は低くなったと言える。ただしそれは、単純にすべてが差異化されたわけではなく、評価基準や資格の共通性はさらに重視された。

このように概観すると、教育課程改革の歴史は共通性の増減の歴史でもあったことが分かる。ただしそれは、単純に共通の履修教科や教育目標の増減なのではなく、共通性として何を設定したのかが重要な点であった。

(2) 共通の四つの枠をもつ教育課程編成

教育課程上に設定された共通性は、一言でいうと、教育課程編成における共通の枠組みだった。1990年代の改革以来、教育課程編成に関しては、全生徒への共通科目、専門科目、個人選択科目、総合的なプロジェクト活動という四つの枠組みがすべてのプログラムに設定された。もちろんそこでは、共通に枠を定めたことがそれだけで重要性を示すのではなく、なぜ共通の枠が設定され、それがどのような役割を果たすのかという意味合いが重要性を決める。そこには、次の2点において重要な意味合いがあったと言える。

①何らかの専門教育の入門レベルを学ぶという共通性

まず指摘できるのは、すべてのプログラムにおいて、専門科目の枠に学習時間の半分以上があてられた点である。これはつまり、それぞれの専門教育を、内容は違っても教育課程編成上は同じ枠内で同じ価値をもつものとして位置づけることだった。いわば、何かしらの専門教育の入門レベルを学ぶことが共通性としてすべての生徒に保障されたのである。高校は、10代後半の若者全員に、何らかの専門性を身に付ける第一歩目の場としての役割を担

うことになった。

　ただし、これらの教育内容は新たにつくりだされたものではなく、多様な教育・訓練機関においてすでにあった教育だった。つまり、逆の見方をすれば、高校教育としての共通性を求めてつくりだされたものではなく、既存の多様な教育を高校という共通の土台の上で並置したと見ることもできる。つまり、多様な専門分野に平等な価値を置くという目的を叶えるものでもあった。

②生徒自身が、学習する教育課程を編成するという共通性

　四つの教育課程編成の枠を強調することは、その枠内での教育課程編成を学校や生徒に委ねるということだった。つまり、生徒に自分の教育課程を編成する経験を与えることでもあった。もちろんそれは、すべての科目を選択させるという意味ではない。どのような意図で教育課程が編成されたのかを明示して一定の必修科目を課すこと、そして一定の枠内で自分が選択して教育課程を編成していくということであった。

　このような教育課程の編成に自覚的になって学習を進めていくことは、卒業後の大学や成人教育機関での学習につながるとして、それ自体に教育的価値が主張された。もちろん、多くの場合、選択科目には学校の物理的な要因や方針によって、制限が課せられていた。それでもなお、自分で教育課程を編成して学ぶという経験それ自体が、高校における一つの重要な共通経験となったと言える。

(3)　共通性の土台にある教育保障の思想

　以上のような特徴の前提として、高校教育は、入学時の選抜的な試験はなく10代後半の全員に保障されていた。基礎学校でどんな成績を取ろうとも、またスウェーデン語に困難を抱えていても、個人プログラムやイントロダクションプログラムなど、それぞれの状況に応じた特別なプログラムが用意されていた。それぞれの学習者に応じた教育を受ける権利が保障されており、

それぞれの生徒の希望に応じた教育が行われようとしていることが、高校教育の土台にある重要な共通性だと言える。

ここにもまた、専門分化の議論において専門性そのものが再検討されたように、表面的な共通性に留まらずより深い次元での共通性の捉え直しがあった。そして、こうした共通性を考えることは、高校とは何かを考えることでもあった。教育保障や、各生徒に応じた学習支援の思想は、高校だけに限ったものではなくすべての教育機関に見られるものであるが、高校教育の最も大切なテーマともなっている。

そして、絶えざる改革のなかで一貫して見られたのは、高校と社会や労働市場とのつながりを考え、これから大人になる若者達にどのように社会への道を示し、どのような学習機会を与えるかを考える視点だった。

社会や他教育機関との関連を考えながら議論が進められ、高校教育の内実が決定されていった。つまり、高校の意義は、他との関連のなかで定位されてきたのである。そして、そのために重要だったことは、高校教育の内実が外からもクリアに認識でき、柔軟に変更できるように、シンプルでオープンに設計されたことだった。これは、学校外の視点からも高校教育を議論し、改革をしていくために不可欠なことだった。こうした制度設計を貫く共通性が、高校の方向性を決めてきたのである。

3　レーロプランの変化

高校のレーロプランは、1970年、1994年、2011年の3度の改訂において、その構造、すなわち何をどう規定するかという枠組みの議論と変更を伴っていた。これは、さらりと書けるほど実際に行うのは単純なことではない。例えば、日本の学習指導要領の改訂においては、基本的に構造は引き継いで、その中身の検討が行われている。全体の枠組みを変えるというのは、非常に骨の折れる仕事なのである。

にもかかわらず、スウェーデンでは約15年おきにそれが行われてきた。

図表終-2　レーロプランの枠組み（全体の目次）

Lgy70	Lpf94	Lgy11
・教育目標と原則 ・タイムプラン【ライン別】各学年・教科の週当たり授業時数規定 ・コースプラン【科目別】目標と内容、いつ何をどのように教えるか、目標、主な内容、コメント（授業での活動、内容の取扱い等）	・学校の基本的価値と任務 ・教育目標と原則 ◇コースプラン Gy2000 ・【教科別】教科目標、方向づけのための目標、教科の特徴と科目構成 ・【科目別】到達目標、評価基準	・学校の基本的価値と任務 ・教育目標と原則 ◇プログラムの教育目標【プログラム別】目標と原則、総合学習の目標 ◇コースプラン ・共通必修教科【教科別】目標、科目構成、内容、評価基準

出典：Lgy70, Lpf94, Lgy11 をもとに著者が作成。

手元にあるものを、中身のみではなく、より根本的に見直しているからこそ可能な行為である。このこと自体、大きな特徴と言えるだろう。

　三つのレーロプランを見ると、まず量的な変化が確認できる。多数の冊子によって教育課程が詳細に規定されていた Lgy70 から、僅か 20 数ページに目標と原則を記すに留まった Lpf94 への大綱化、そして Lgy11 で再び若干の増加が見られた。この量的変化は、より重要な構造や重点の変化を反映している。一言で言えば、詳細な「教育実践」を定めることから「目標の規定」へ、そして目標に加えて「評価に関する規定」へと重点が移ったわけである。

　この変化を端的に表したのは、まず Lgy70 において、各科目をいつ、どのくらいの時間をかけて教えるかを規定していたタイムプランが Lpf94 で廃止され、教育目標中心の記述になったことである。そして、Lgy11 では、各教科において目標に対応する評価基準が設定されるとともに各学科にも修了目標を掲げ、初めて明確な「修了資格」を設定したことにあった。

　とはいえ、Lpf94 のもとでは、各教科・科目についての規定がまったくなかったわけではない。それは、レーロプランとは独立したコースプランによ

って規定されており、2000年にはコースプランの改訂が行われて、各教科に評価基準が設定された。それらの規定がLgy11ではより強く意識されるようになったと言える。レーロプランの内外で、目標と学習成果の評価を通しての統制が強まったのである。

　もっとも、全体の教育目的や原則としては、学習者を中心に据えて個人のニーズに対応しようとする姿勢、また他教育機関との連携を取りながら教育を行おうとする姿勢に変化はない。こうした基盤のうえで、各教科について全国共通の教育を保障するために定める枠組みが変更されたのである。

　以上のように、専門分化、共通性、そしてレーロプランについての議論と変遷はまとめ直すことができる。三つの課題を貫いて、高校教育をすべての人に保障し、現実社会の広い分野に高校教育の成果を生かそうとする姿勢が具体的に明らかになった。

　改革の議論においては、常に現状を客観的に捉えるための調査研究を多く行いながら、なぜそのような現状が存在しているのか、どのような意味があるのかを捉え直し、新しい社会像を構築し直す姿勢が見られた。そうした現状の根本的な問い直しと再構築が、生徒や教師ももちろん含めて多様な立場の関係者が参加して行われていた。こうした改革のありようそのものが、高校教育とともに将来の社会をつくっていく鍵であると言うことができるだろう。

4　残された課題

　今後の検討課題として、以下の2点を挙げたい。

　第一は、教育課程が実施される教室内外での学習場面の検討である。本書では、教育課程の歴史的変遷に焦点を絞るあまり、そこに生きる人々、特に、教師達の姿や生徒の学習を十分に検討することができなかった。カリキュラムは、定められた制度としてのそれよりも、実施されるその場において変容し意味づけられていく。その現場を具体的に検討し、計画と実際と成果とに

生じる差異に目を向けることによって、初めて教育課程の評価につなげることができる。

　第二は、国際的な動向のなかでスウェーデンの改革がどのように影響を受け、また影響を与えているのかについての検討である。北欧諸国は、かねてより様々な分野で政策協議を行ってきた。そうした国際協力の観点からも学ぶところは多くある。また、2000年代の教育改革には少なからずEUの影響が見られ、グローバル化の進展のなかで、教育改革は一国内での議論のみでは捉えきれなくなっている。今回検討した教育課程改革も、諸外国との関連を焦点に据えるとともにまた違った見方ができるだろう。

　これらの点を今後の検討課題としたい。

あとがき

　本書は、2011年3月に京都大学大学院教育学研究科に提出し、博士（教育学）を授与された論文「スウェーデンの高校における教育課程改革――プログラム制の成立過程」に大幅な加筆・修正を行ったものである。内容の大部分は、博士論文執筆の過程で、あるいは執筆後に発表した論文と重なっている。以下に、本書の元となった論文の初出を発表順に示す。

「スウェーデンの総合制高等学校における教育課程改革――履修方式の転換に焦点をあてて」『カリキュラム研究』第17号、2008年、1-14ページ。

「スウェーデンの総合制高等学校における普通教育と専門教育の関連づけ――職業系課程のカリキュラム分析を中心に」『京都大学大学院教育学研究科紀要』第54号、2008年、220-233ページ。

「スウェーデンの高校における職場実習の取り組み――企業と学校との連携による職業教育」Benesse教育研究開発センター『BERD』No.12、2008年、36-41ページ。

「スウェーデンの高校における必修科目の教育目標――数学の全国学力テストの検討を中心に」『教育方法学研究』第34巻、2009年、13-24ページ。

「スウェーデンの高校カリキュラムにおける選択制――「選択の自由」と「希望進路の実現」の関連に焦点をあてて」『京都大学大学院教育学研究科紀要』第55号、2009年、405-418ページ。

「スウェーデンにおける全国学力テスト支持の背景――標準テストからナシ

ョナル・テストへの転換を中心に」『北ヨーロッパ研究』第 8 巻、2012 年、63-72 ページ。
「スウェーデンの高校における徒弟教育の導入」『名古屋大学技術・職業教育学研究室研究報告：技術教育学の探求』第 12 巻、2015 年、10-18 ページ。

　刊行に際しては、平成 27 年度京都大学総長裁量経費・若手研究者出版助成事業による助成を受けた。また、本書を完成させるまでに、平成 20-21 年度日本学術振興会科学研究費補助金（特別研究員奨励費 DC2）、平成 22-23 年度同（同 PD）、および平成 26-29（予定）年度同（若手研究 B）を受けることで、国内外での研究活動を充実したものにすることができた。
　ここに本書を刊行させていただくことができたのは、ひとえに多くの方々のご指導とご助力のおかげである。以下に記すことで感謝の意を表したい。
　指導教員であった田中耕治先生は、自由奔放な筆者を温かく、時に厳しく見守りながら、遅々として前に進まない研究を励まし方向づけてくださった。卒業や結婚という人生の節目で何度も研究を投げ出しかけた筆者が今ここにいるのは、いつも時機を得た大切な問いを投げかけてくださった先生のおかげである。
　同じく指導教員であった西岡加名恵先生には、教育実践の具体的な姿に迫りながらマクロな社会状況を考察する、カリキュラム研究の重要性を教えていただいた。右往左往している私にするどく端的な言葉でご指導くださった、かけがえのない存在である。田中先生と西岡先生には、毎週のゼミナールでいつも厳しい指摘をいただいた。そこで共に学んだ先輩や研究仲間にも感謝を伝えたい。そこでの議論から学んだものは計り知れない。
　松下佳代先生には、博士論文の副査をつとめていただいた。学部生の時に受講した集中講義で、大学院生の先輩方の難しい議論の中で筆者の拙い意見にも耳を傾けてくださったことが忘れられず、研究者という職業を現実的に考えるきっかけをくださった。
　北欧教育研究会を開催し、様々な角度からスウェーデンの教育について考

える機会を与えてくださった澤野由紀子先生にも感謝したい。研究会での報告以外にも、幾度も論文に重要なご指摘をいただいた。また、この研究会で多くの北欧教育研究仲間に出会えたことは、研究生活において大きな励みとなっている。

高校教育にとって不可欠な技術・職業教育については、横山悦生先生に参加させていただいた研究会で多くを学んだ。その他、スウェーデンの学校を共に訪れて議論した諸先輩方や同志たち、そして日本の学校現場で授業研究に参加させてくださった方々にも感謝の気持ちを伝えたい。それらの経験は現在、学校段階を越えて教育のありようを考える基盤になっている。

2005年夏から1年間は、京都大学が大学間学生交流協定を結ぶストックホルム大学で学ぶ機会を得て、国際教育研究所(IIE)のホルガー・ダウン(Holger Daun)先生に受け入れていただいた。当時IIEで研究されていた大熊ニーストローム希和子(Kiwako Nyström Okuma)先生にも大変お世話になり、現在も励ましをいただいている。

スウェーデンの進路ガイダンス研究の祖であるウプサラ大学のグンネル・リンド(Gunnel Lindh)先生は、私の研究や人生の選択も支えてくださった。リンド先生は、カリキュラム研究の先行研究者であるウルフ・P・ルンドグレン(Ulf P Lundgren)先生を紹介してくださり、留学中にはルンドグレン先生の院生ゼミに参加することができた。議論の難しさに言語の壁が重なり、理解も発言もままならない著者を受け入れてくださり、時間をかけて質問に答えてくださったルンドグレン先生とSTEPゼミメンバーに感謝したい。ウメオでは、先行研究者のリスベス・ルンダール(Lisbeth Lundahl)先生にインタビューでき、冷静な分析と熱い思いのこもったお話をうかがえたことを感謝したい。

また、スウェーデンでは、多様な高校の現場を訪れることができた。10年来の学校訪問を受け入れ続けてくれているフレドリク高校のクリスティーネ・アルビッドソン(Christine Arvidsson)先生および諸先生方には、毎回訪問する度にユニークな取り組みを見せていただいている。本書に記した以外にもフレドリク高校およびハーニンゲ市では様々な実践を見聞きした。現

校長ロベルト・アスプフォース（Robert Aspfors）先生をはじめ歴代校長、トーマス・エクストローム（Tomas Ekström）先生、ダグラス・ノルベリ（Douglas Norberg）先生、マッツ・ソーンベリ（Mats Thornberg）先生、学習ガイダンス・カウンセラーのアンキ・ペルボ（Anki Perbo）先生をはじめ多くの先生から様々なお話をうかがえた。そして、ハーニンゲ市教育委員会高校担当官ペトリス・スミトマニス（Peteris Smitmanis）氏には数度にわたるインタビューに答えていただき、貴重な資料もいただいた。皆様に感謝するとともに、今後も応援している。数学の授業にとどまらずナショナル・テストの作成議論についても多く教えてくださった故アグネータ・ベスコフ（Agneta Beskow）先生や、ヨーテボリで多様な高校教育の質向上に取り組むビクトリア・クレソン（Victoria Claesson）先生は、日本の高校とも積極的に関わってくださった。クレメンシア・パーソン（Clemencia Person）先生は、留学中の私に何度も授業を見せてくださった。スウェーデンで長い間中学校教師をされていた宇野幹男氏は、教育実践について様々にお話くださるとともに、著者の拙いスウェーデン語を幾度も修正してくださった。他にも、学校見学を受け入れてくれた多くの先生達や生徒達に、一人ひとりのお名前を挙げられない失礼を詫びつつ、厚く御礼申し上げたい。

Tack så mycket!

　その他、様々な研究交流の場を通してご指導いただいた多くの先生方、著者の報告や論文に様々にご意見をくださった方々にも深く感謝している。

　本書の出版にあたっては、出版をお引き受けくださり、多くの貴重なご指摘をくださった株式会社新評論の武市一幸氏に心より御礼申し上げたい。

　2016年　1月

　　　　　　　　　　　　　　　　　　　　　　　　　　　本所　恵

引用・参考文献一覧

Allen, S. m.m.（red.）, *Nationalencyklopedins ordbok*, Göteborg: Bra Böcker, 2004.
穴見明「スウェーデンにおける政策過程の制度的枠組みの変容」『大東法学』第41巻、2003年、67-129頁。
穴見明『スウェーデンの構造改革――ポスト・フォード主義の地域政策』未来社、2010年。
Axelsson, R., *Gymnasieskolans studievägar: En översiktlig utvärdering*（*Pedagogisk forskning i Uppsala, nr.37*）, Uppsala: Uppsala Universitet, 1982.
Axelsson, R. & Wallin, E., *Sjuttiotalets gymnasieskola inför nittiotalet: två utvärderingar som grund för ett debattinlägg*, Stockholm: Skolöverstyrelsen, 1984.
Beckne, R., Studieavbrott i gymnasieskolan, I 1976års gymnasieutredning, *Ett Specialbetänkande från gymnasieutredningen, Undersökningar kring gymnasieskolan*（*SOU1981:97*）, 1981, s.7-96.
Bengtsson, J., Grundskola och gymnasieskola, I 1968års utbildningsutredning, *Val av utbildning och yrke*（*SOU1971:61*）, 1971, s.21-98.
Björk, L.-E. mm., *Matematik 3000*, Stockholm: Natur och kultur, 1999.
Boucher, L., Reform of the Swedish post-compulsory schools: 1960-1983, *Compare*, 13 (2), 1983, pp.129-143.
バウチャー・L著、中嶋博訳『スウェーデンの教育　伝統と革新』学文社、1985年。
Ekström, E., *Värdet av en trårig yrkesinriktad gymnasieutbildning*（*IFAU Rapport 2002:12*）, Uppsala: Institutet för Arbetsmarknads politisk utvärdering, 2002, Retrieved November 9, 2015, from http://ifau.se/Upload/pdf/se/2002/r02-12.pdf.
Ekström, E., *The value of a third year in upper secondary vocational education: Evidence from a piloting scheme*（*IFAU Working paper 2002:23*）, Uppsala: Institute for labour market policy evaluation, 2002, Retrieved November 9, 2015, from http://ifau.se/Upload/pdf/se/2002/wp02-23.pdf.
Englund, T., *Curriculum as a Political Problem: Changing Educational Conceptions, with Special Reference to Citizenship Education*（*Uppsala Studies in Education 25*）, Lund: Studentlitteratur, 1986.
Forsberg, E.（red.）, *Skolan och tusenårsskiftet: En vänbok till Ulf P. Lundgren*, Uppsala: Studies in Educational Policy and Educational Philosophy（STEP）,

Uppsala Universitet, 2003.

Forsberg, E. (red.), *Curriculum theory revisited*, Uppsala: Studies in Educational Policy and Educational Philosophy (STEP), Uppsala University, 2007.

Forsslund-Ljunghill, L. & The National Swedish Board of Education, *The integrated upper secondary school: Three schools in one*, Stockholm: Utbildningsförlaget, 1971.

Fredriksson, I., Skola och arbetsliv, I 1976års gymnasieutredning, *Ett Specialbetänkande från gymnasieutredningen, Undersökningar kring gymnasieskolan (SOU1981:97)*, 1981, s.97-218.

Goldschmid, B. & Goldschmid, M., *Modular instruction in Higher Education: A review*, Montreal: McGill University, Center for Learning and Development, 1973. (ERIC Document Reproduction Service No.ED061158).

グスタフソン・A著、岡沢憲芙監修、穴見明訳『スウェーデンの地方自治』早稲田大学出版部、2000年。

ハデニウス・S著、岡沢憲芙監訳、木下淑恵・秋朝礼恵訳『スウェーデン現代政治史──対立とコンセンサスの20世紀』早稲田大学出版部、2000年。

林寛平「社会統合か社会分離か──学力論議に揺れる政治と社会」佐藤学・澤野由紀子・北村友人編著『揺れる世界の学力マップ』明石書店、2009年。

Hellsten, J.-O., *Nytt vin i gamla säckar. En studie av gymnasieskolans kursutformning*, Stockholm: Skolverket, 2000.

廣川洋一『ギリシア人の教育──教養とはなにか』岩波書店、1990年。

菱村幸彦『教育行政からみた戦後高校教育史──高校はどう変わったか』学事出版、1995年。

ILO訓練局職業訓練・指導部著、石川俊雄・宗像元介訳『ILOのモジュール訓練システムについて』(調査研究資料23号) 職業訓練大学校、1977年。

International Labour Office, *Modules of Employable Skill (MES): Principles and Practices*, Geneva: ILO, 1977, Retrieved October 20, 2015, from http://www.ilo.org/public/libdoc/ilo/1977/77B09_511_engl.pdf.

乾彰夫・竹内常一・鈴木聡・今村梅子・笹川孝一・河内徳子・太田政男『講座高校教育改革1 高校教育は何をめざすのか』労働旬報社、1995年。

石原俊時「スウェーデン社会民主主義における教養理念の展開(上)」東京大学社会科学研究所紀要『社會科學研究』第46巻第3号、1994年、1-60頁。

石原俊時「スウェーデン社会民主主義における教養理念の展開(中)」東京大学社会

科学研究所紀要『社會科學研究』第 46 巻第 4 号、1995 年、91-142 頁。
石原俊時「スウェーデン社会民主主義における教養理念の展開（下）」東京大学社会科学研究所紀要『社會科學研究』第 46 巻第 5 号、1995 年、91-153 頁。
伊藤正純「完全雇用政策とリカレント型学習社会の形成――スウェーデンにみる経済と教育」桃山学院大学教育研究所『研究紀要』創刊号、1992 年、47-80 頁。
伊藤正純「スウェーデンの職業教育覚書――学校教育・成人教育・企業内教育」桃山学院大学教育研究所『研究紀要』第 2 号、1993 年、83-116 頁。
伊藤正純「スウェーデンのリカレント教育――その狙いと離脱」『理想』658 号、1996 年、81-92 頁。
伊藤正純「スウェーデンの生涯学習」桃山学院大学教育研究所『研究紀要』第 12 号、2003 年、35-54 頁。
門脇厚司・飯田浩之編著『高等学校の社会史――新制高校の「予期せぬ帰結」』東信堂、1992 年。
古賀正義編『学校のエスノグラフィー――事例研究から見た高校教育の内側』嵯峨野書院、2004 年。
是永かな子『スウェーデンにおける統一学校構想と補助学級改革の研究』風間書房、2007 年。
Kuczera, M., Field, S., Hoffman, N., & Wolter, S., *Learning for jobs: OECD Revies of Vocational Education and Training, SWEDEN*, Paris: OECD, 2008.
教育科学研究会・小島昌夫・鈴木聡『高校教育のアイデンティティー――総合制と学校づくりの課題』国土社、1996 年。
京都大学高等教育研究開発推進センター編『大学教育学』培風館、2003 年。
Lauglo, J., Concepts of "general education" and "vocational education". Curricula for post-compulsory schooling in Western industrialised countries: When shall the twain meet?, *Comparative Education*, 19（3）, 1983, pp.285–304.
Lindberg, V., Svensk forskning om bedömning och betyg 1990–2005, *Studies in Educational Policy and Educational Philosophy, E-tidskrift* 2005:1, 2005, Retrieved November 9, 2015, from http://forskning.edu.uu.se/upi/SITE_Docs/Doc233.pdf.
Lindensjö, B. & Lundgren, U. P., *Utbildningsreformer och politisk styrning*, Stockholm: HLS förlag, 2000.
Lundahl, L., *I moralens, produktionens och det sunda förnuftets namn.—Det svenska högerpartiets skolpolitik 1904–1962*, Lund: Pedagogiska institutionen, Lunds universitet, 1989.

Lundahl, L., Fortfarande den svenska utbildningspolitikens styvbarn?—Debatten om den gymnasiala yrkesutbildningen i Sverige under 1990-talet, In: L. Lundahl & T. Sander (Eds.), *Vocational education and training in Germany and Sweden: Strategies of control and movements of resistance and opposition. Report from a symposium* (*TNTEE Publications, 1* (*1*)), 1998, s.5–17, Retrieved November 9, 2015, from http://tntee.umu.se/publications/swe/Lundahl_swe.pdf.

Lundahl, L., *Efter svensk modell: LO, SAF, och utbildningspolitiken 1944–90*, Stockholm: Boréa, 1997.

Lundgren, U. P., *Frame factors and the teaching process : A contribution to curriculum theory and theory on teaching*, Stockholm: Almqvist & Wiksell, 1972.

Lundgren, U. P., *Att organisera omvärden: En introduktion till läroplansteori*, Stockholm: LiberFörlag, 1979.

Länsskolnämnden i Stockholms län, *Försöks- och utvecklingsarbete i gymnasieskolan 1984/85–1989/90* (*Slutrapport*), Stockholm: Länsskolnämnden i Stockholms län, 1990.

Marklund, S., Differentiation and integration in the Swedish upper-secondary school, *International Review of Education*, 24, 1978, pp.197–206.

Marklund, S., New stages in education: A Swedish viewpoint, *Comparative Education*, 16 (3), 1980, pp.267–274.

Marklund, S., *Skolsverige1950–1975, Del.1, 1950 års reformbeslut*, Stockholm: Liber/Utbildningsförlag, 1980.

Marklund, S., *Skolsverige1950–1975, Del.2, Försöksverksamheten*, Stockholm: Liber/Utbildningsförlag, 1982.

Marklund, S., *Skolsverige1950–1975, Del.3, Från Visbykompromissen till SIA*, Stockholm: Liber/Utbildningsförlag, 1983.

Marklund, S., *Skolsverige1950–1975, Del.4, Differentieringsfrågan*, Stockholm: Liber/Utbildningsförlag, 1985.

Marklund, S., *Skolsverige1950–1975, Del.5, Läroplaner*, Stockholm: Liber/Utbildningsförlag, 1987.

Marklund, S., *Skolsverige1950–1975. Del.6, Rullande reform*, Stockholm: Liber/Utbildningsförlag, 1989.

Marlin, M. O. & Kelly, D. L. (Edi.), *Third international mathematics and science study technical report, volume II: Implementation and analysis –primary and middle school years*, Massachusetts: Center for the Study of Testing, Evaluation, and Educational Policy, Boston College, 1997, p.3. Retrieved November 9, 2015, from http://timss.bc.edu/timss1995i/TIMSSPDF/TR2book.pdf.

松下佳代「カリキュラム研究の現在」『教育學研究』第 74 巻 4 号、2007 年、567–576 頁。

松崎巌「総合制中等学校の完成へ（スエーデン）」山内太郎編著『教育学叢書第 2 巻 世界の教育改革』第一法規、1967 年、195–221 頁。

松崎巌「スウェーデンにおける教育課程改革」岡津守彦編著『教育学叢書第 9 巻 教育課程』第一法規、1971 年、173–209 頁。

松崎巌「実験社会のカリキュラム──スウェーデン」木原健太郎編『現代教育講座第 4 巻 教育内容の現代化──学校では何をどう教えるべきか』第一法規、1975 年、233–264 頁。

松崎巌『世界教育史体系 14 北欧教育史』講談社、1976 年。

松崎巌「スウェーデンの後期中等教育改革──統合と過程再編成の実態について」『東京大学教育学部紀要』第 24 巻、1984 年、81–88 頁。

Meel, R. M. van., *Modularization and flexibilization*. Heerlen: Open University, Centre for Educational Technological Innovation, 1993, p.8.（ERIC Document Reproduction Service No.ED374211）.

宮原誠一監修、国民教育研究所編『高校教育多様化と入試制の問題──その実態と解明』労働旬報社、1963 年。

宮本太郎『福祉国家という戦略──スウェーデンモデルの政治経済学』法律文化社、1999 年。

百瀬宏・熊野聰・村井誠人編『新版世界各国史 21 北欧史』山川出版社、1998 年。

文部省学校教育局『新制高等学校教科課程の解説』教育問題調査所、1949 年。

中嶋博「スクール・アーティキュレーションに関する T・フセーン教授の見解」『早稲田教育論集』第 2 巻第 1 号、1988 年、42–47 頁。

中嶋博『学習社会スウェーデンの道標』近代文藝社、1994 年。

中内敏夫『教育学第一歩』岩波書店、1988 年。

日本銀行調査統計局『北欧にみる成長補完型セーフティネット──労働市場の柔軟性を高める社会保障政策』日本銀行調査統計局、2010 年 http://www.boj.or.jp/research/brp/ron_2010/ron1007a.htm/（2015 年 11 月 9 日確認）。

日本教育方法学会編『現代教育方法事典』図書文化、2004 年。

Nilsson, L., *Yrkesutbildning i nutidshistoriskt perspektiv: Yrkesutbildningens utveck-*

ling från skråväsendets upphörande 1846 till 1980-talet samt tankar om framtida inriktning. Göteborg: Göteborgs universitet, Pedagogiska institutionen, 1982.

西岡加名恵「英国における『総合学校』の原理」京都大学教育学部教育課程・教育指導研究室『教育方法の探究』創刊号、1997年、13-29頁。

西岡加名恵「英国における共通カリキュラムの理論——平等主義原理に基づくものに焦点をあてて」『教育目標・評価学会紀要』第8号、1998年、91-99頁。

西岡加名恵「英国の総合学校における平等主義のカリキュラム——2つの中等学校の比較研究」『教育方法学研究』第25巻、2000年、59-67頁。

西岡加名恵「英国における総合学校を再考する——6つの中等学校の比較を通して」『鳴門教育大学研究紀要（教育科学編）』第16巻、2001年、231-240頁。

OECD, *Reviews of National Policies for Education: Educational reforms in Sweden*, Paris: OECD, 1981.

岡部善平『高校生の選択制カリキュラムへの適応過程——「総合学科」のエスノグラフィ』風間書房、2005年。

岡沢憲芙『スウェーデンの政治——実験国家の合意形成型政治』東京大学出版会、2009年。

太田和敬『統一学校の研究』大空社、1992年。

太田政男「社会と学校——イギリスの総合制中等学校と共通教育課程をめぐって」『教育学研究』第52巻第3号、1985年、280-290頁。

太田美幸『生涯学習社会のポリティクス——スウェーデン成人教育の歴史と構造』新評論、2011年。

Olofsson, J., *Grundläggande yrkesutbildning och övergången skola-arbetsliv: en jämförelse mellan olika utbildningsmodeller（IFAU rapport 2003:8）*, Uppsala: Institutet för arbetsmarknadspolitisk utvärdering, 2003. Retrieved November 9, 2015, from http://www.ifau.se/Upload/pdf/se/2003/r03-08.pdf.

Olofsson, J., *Lärlingsutbildning: Svenska erfarenheter och initiativ i ett europeiskt perspektiv*, Stockholm: Svenska institutet för europapolitiska studier（Sieps）, 2014.

Persson, E., Hur hamnade vi här?: Kursutformningens framväxt, *Krut*, 81, 1986, s.12-25.

Palm, T., Bergqvist, E., Eriksson, I., Hellström, T. & Häggström, C-M., *En tolkning av målen med den svenska gymnasiematematiken och tolkningens konsekvenser för uppgiftskonstruktion*, Umeå: Umeå universitet, 2004.

Richardson, R., *Svensk utbildningshistoria: Skola och samhälle förr och nu*（8:e upplagan）, Lund: Studentlitteratur, 2010.

ローレン・T著、友田泰正訳『日本の高校——成功と代償』サイマル出版会、1988年。

Román, H.（red.）, *Kursplaner som styrinstrument*, Uppsala: Studies in Educational Policy and Educational Philosophy（STEP）, Uppsala Universitet, 2005.

Projektet målbestämning och utvärdering, *Underlag för debatt om utvecklingsprogram för skolan*, Stockholm: Skolöverstyrelsen, 1973.

佐々木享『高校教育論』大月書店、1976年。

佐々木享『高校教育の展開』大月書店、1979年。

澤野由紀子「知識基盤社会に適応するスウェーデンの教育改革」大桃敏行・井ノ口淳三・植田健男・上杉孝實編『教育改革の国際比較研究』ミネルヴァ書房、2007年。

澤野由紀子「北欧の教育改革（1）——個性重視による学力保障」「北欧の教育改革（2）——自立を促す教育」坂野慎二・藤田晃之編著『海外の教育改革：人間発達科学プログラム』放送大学教育振興会、2015年。

志水宏吉「中等教育の社会学——研究動向の整理と展望」大阪教育大学教育学教室『教育学論集』第18巻、1989年、1–21頁。

志水宏吉『学校文化の比較社会学——日本とイギリスの中等教育』東京大学出版会、2002年。

新海英行・寺田盛紀・的場正美編『現代の高校教育改革——日本と諸外国』大学教育出版、1998年。

Skolinspektionen, *Arbetsplatsförlagd utbildning i praktiken—en kvalitetsgranskning av gymnasieskolans yrkesförberedande utbildningar*（Kvalitetsgranskning Rapport 2011:2）, Stockholm: Skolinspektionen, 2011.

Skolinspektionen, *Gymnasieal lärlingsutbildning: En kvalitetsgranskning av gymnasial lärlingsutbildning*（Kvalitetsgranskning Rapport 2013:02）, Stockholm: Skolinspektionen, 2013.

Skolinspektionen, *Undervisning på yrkesprogram*（Kvalitetsgranskning Rapport 2014:05）, Stockholm: Skolinspektionen, 2014.

Skolverket, *Betygsboken*, Stockholm: Skolverket, 1995.

Skolverket, *Fem gymnasieprogram under omvandlingstryck*（Rapport nr 149）, Stockholm: Skolverket, 1988.

Skolverket, *Utvärdering av gymnasieprogram 1998* (Rapport nr 163), Stockholm: Skolverket, 1999.

Skolverket, *Gymnasieskolans inriktningar och programmål* (Dnr.99:01), Stockholm: Skolverket, 1999.

Skolverket, *Utvärdering av fem gymnasieprogram 1999* (Rapport nr 182), Stockholm: Skolverket, 2000.

Skolverket, *Reformeringen av gymnasieskolan* (Rapport nr 187), Stockholm: Skolverket, 2000.

Skolverket, *Gymnasieskolans kursprov läsåret 2004/2005, En resultat redvisning*, Stockholm: Skolverket, 2005.

Skolverket, *Lärare och elever om gymnasieskolans nationella prov: En enkätstudie*, Stockholm: Skolverket, 2005.

Skolverket, *National Assessment and Grading in the Swedish School system*, Stockholm: Skolverket, 2005.

Skolverket, *Central rättning av nationella prov*, Stockholm: Skolverket, 2008.

Skolverket, *Upper Secondary School 2011*, Stockholm: Skolverket, 2012. (Skolverket, *Gymnasieskolan 2011*, Stockholm: Skolverket, 2012.)

Skolverket, *Utvecklingen av lärlingsutbildningen*, Stockholm: Skolverket, 2013.

Skolöverstyrelsen, *Att välja studieväg: Till läsåret 76/77*, Stockholm: Skolöverstyrelsen, 1975.

Skolöverstyrelsen, *Valet till gymnasieskolan* (SÖ informerar 86:28), Stockholm: Skolöverstyrelsen, 1986.

Skolöverstyrelsen, *Gymnasieskolan 1971–1987: En redovisning av gymnasieskolans utveckling avseende intagningsplatser, förstahandssökande, elever, kapacitetsutnyttjande* (Rapporter 89:43), Stockholm: Skolöverstyrelsen, 1989.

Skolöverstyrelsen, *Gymnasieskola i utveckling: Försöks- och utvecklingsarbete i gymnasieskolan 1984–1990* (Slutrapport), Stockholm: Skolöverstyrelsen, 1990.

Sutherland, M., Sweden. In: OECD, *Curriculum Reform: Assessment in question*, Paris: OECD, 1993.

Söderström, M., Återkommande utbildning som planeringsproblem: svårigheter och möjligheter. I 1976års gymnasieutredning, *Ett Specialbetänkande från gymnasieutredningen, Undersökningar kring gymnasieskolan* (SOU1981:97), 1981, s.429–517.

Svenska arbetsgivareföreningen, *Den stora skolreformen: Om att utveckla den svenska skolan snabbt och därför med stor varsamhet*, Stockholm: Näringslivets Förlagsdistribution, 1982.
Svenska arbetsgivareföreningen, *SAFs yttrande över gymnasieutredningens betänkande "En reformerad gymnseiekola（SOU1981:96)"*, Stockholm: Svenska arbetsgivareföreningen, 1983.
Svenska kommunförbundet, *Kursutformad gymnasieskola（Slutrapport från projektet kursutformad gymnasieskola)*, Stockholm: Svenska kommunförbundet, 1998.
職業訓練大学校・職業訓練研究センター著『単位制訓練（モジュール訓練）——その理論と方法』（調査研究資料 70 号）職業訓練大学校、1986 年。
滝充「スウェーデンの教育制度とその改革過程（その 1）——初等・中等教育段階」『宮崎大学教育学部紀要　教育科学』第 68 号、1990 年、53-75 頁。
滝充「スウェーデンにおける選抜・配分過程——高校進学にはたす基礎学校の機能」『比較教育学研究』第 20 号、1994 年、165-178 頁。
滝充「スウェーデンにおける選抜・配分過程（その 2）——大学進学を中心に」『宮崎大学教育学部紀要　教育科学』第 78 号、1995 年、81-91 頁。
田中耕治『教育評価』岩波書店、2008 年。
田中耕治・水原克敏・三石初雄・西岡加名恵『新しい時代の教育課程（改訂版）』有斐閣、2009 年。
田中統治「カリキュラムと教育実践——中学校選択教科制の事例分析を中心に」藤田英典・志水宏吉（編）『変動社会のなかの教育・知識・権力——問題としての教育改革・教師・学校文化』新曜社、2000 年、387-408 頁。
寺田盛紀『日本の職業教育——比較と移行の視点に基づく職業教育学』晃洋書房、2009 年。
戸野塚厚子『スウェーデンの義務教育における「共生」のカリキュラム』明石書店、2014 年。
Wallin, E., *Gymnasieskola i stöpsleven—då nu alltid: Perspektiv på en skolform*, Stockholm: Skolverket, 1997.
山田朋子『高校改革と「多様性」の実現』学事出版、2006 年。
Young, M., Bridging the academic/vocational divide: Two Nordic case studies, *European journal of education*, 28（2), 1993, pp.209-214.
矢野裕俊『自律的学習の探求——高等学校教育の出発と回帰』晃洋書房、2000 年。
湯元健治、佐藤吉宗『スウェーデン・パラドックス』日本経済新聞出版社、2010 年。

SOU (Statens Offentliga utredningar)

※ SOUは、スウェーデン国立図書館（Kungliga biblioteket）でデジタル・アーカイブ化がすすめられている。http://regina.kb.se/sou/

SOU 1963:15	1960års gymnasieutredning, *1960års gymnasieutredning I: Vägen genom gymnasiet.*
SOU 1963:22	1960års gymnasieutredning, *1960års gymnasieutredning II, Kraven på gymnasiet: Undersökningar vid universitetet och högskolor, i förvaltning och näringsliv.*
SOU 1963:42	1960års gymnasieutredning, *1960års gymnasieutredning IV: Ett Nytt gymnasium.*
SOU 1963:50	Fackskoleutredningen, *Fackskolan.*
SOU 1966:3	Yrkesutbildningsberedningen, *Yrkesutbildningsberedningen I: Yrkesutbildningen.*
SOU 1967:48	Yrkesutbildningsberedningen, *Yrkesutbildningsberedningen III: Yrkesutbildningen: Läroplaner för yrkesutbildningen samt vissa pedagogiska och metodiska frågor.*
SOU 1971:61	1968års utbildningsutredning, *Val av utbildning och yrke.*
SOU 1980:30	1976års gymnasieutredning, *Den sociala selektionen till gymnasiestadiet: En jämförelse mellan fyra årskullar.*
SOU 1981:96	1976års gymnasieutredning, *En reformerad gymnasieskola.*
SOU 1981:97	1976års gymnasieutredning, *Ett Specialbetänkande från gymnasieutredningen, Undersökningar kring gymnasieskolan.*
SOU 1981:98	1976års gymnasieutredning, *Studieorganisation och elevströmmar: Ett bidrag till utvärderingen av 1970års gymnasieskolereform.*
SOU 1986:2	Expertgruppen för översyn av den gymnasiala yrkesutbildningen (ÖGY), *En treårig yrkesutbildning: Del I Riktlinjer för fortsatt arbete.*
SOU 1986:3	Expertgruppen för översyn av den gymnasiala yrkesutbildningen (ÖGY), *En treårig yrkesutbildning: Del II Beskrivningar och förslag för utbildningssektorerna.*
SOU 1989:90	Utvärdering av försöksverksamheten med treårig yrkesinriktad utbildning i gymnasieskolan (UGY), *Utvärdering av försöksverk-*

引用・参考文献一覧 223

	samheten med treårig yrkesinriktad utbildning i gymnasieskolan: Första året.
SOU 1989:106	Utvärdering av försöksverksamheten med treårig yrkesinriktad utbildning i gymnasieskolan (UGY), *6,000 platser och 10,000 platser för försök i gymnasieskolan: Hur, var och varför?*
SOU 1992:25	Utvärdering av försöksverksamheten med treårig yrkesinriktad utbildning i gymnasieskolan (UGY), *Utvärdering av försöksverksamheten med treårig yrkesinriktad utbildning i gymnasieskolan.*
SOU 1992:86	Betygsberedningen, *Ett nytt betygssystem.*
SOU 1992:94	Läroplanskommittén, *Skola för bildning.*
SOU 1996:1	Kommittén för gymnasieskolans utveckling, *Den nya gymnasieskolan: Hur går det?*
SOU 1997:107	Kommittén för gymnasieskolans utveckling, *Den nya gymnasieskolan: Problem och möjligheter.*
SOU 2002:120	Gymnasiekommittén 2000, *Åtta vägar till kunskap – En ny struktur för gymnasieskolan.*
SOU 2009:85	Nationella Lärlingskommittén, *Gymnasial lärlingsutbilsning – Hur blev det?: Erfarenheter från första försöksåret.*
SOU 2010:19	Lärlingsutredningen, *Lärling – En bro mellan skola och arbetsliv.*
SOU 2010:75	Nationella Lärlingskommittén, *Gymnasial lärlingsutbilsning – Utbildning för jobb: Erfarenheter efter två års försök med lärlingsutbildning.*
SOU 2010:96	Betygsprövningsutredningen, *Riktiga betyg är bättre än höga betyg – Förslag till omprövning av betyg.*
SOU 2011:72	Nationella Lärlingskommittén, *Gymnasial lärlingsutbilsning – Med fokus på kvalitet!: Hur stärker vi kvaliteten i gymnasial lärlingsutbildning?*

Ds（Departementsserien）、U は教育省（Utbildningsdepartmentet）

Ds U 1981:14	1976års gymnasieutredning, *Ämnesanalyser för gymnasieutredningen. Del 1–8.*
Ds U 1985:9	*Avtal om arbetsplatsförlagd utbildning.*
Ds U 1985:13	*Yrkesutbildningen inför 1990-talet.*

Ds U 1985:15　　Arbetsgruppen för översyn av den gymnasiala yrkesutbildningen, *Kostnader för gymnasieskolutbildningen.*

Ds 1993:69　　Arbetsgruppen för kursutformad gymnasieskola, *Centrala frågor i utvecklingen av kursutformad gymnasieskola.*

Ds 1994:139　　Arbetsgruppen för kursutformad gymnasieskola, *Kursutformad gymnasieskola för alla?*

Ds 1995:78　　Arbetsgruppen för kursutformad gymnasieskola, *Kursutformad gymnasieskola: En flexibel skola för framtiden.*

Ds 2008:13　　Betygsberedningen, *En ny betygsskala.*

Proposition（国会に対する政府の提案文書）

Prop.1964:171　　Angående reformeringen av de gymnasiala skolorna m.m.

Prop.1968:140　　Angående riktlinjer för det frivilliga skolväsendet.

Prop.1971:34　　Kungl.Maj:ts proposition om studie- och yrkesorientering i grundskola och gymnasieskola.

Prop.1972:84　　Kungl. Maj:ts proposition angående gymnasieskolans kompetensvärde m.m.

Prop.1978/79:180　Läroplan för grundskolan.

Prop.1979/80:145　Om åtgärder för att främja ungdomars utbildning i gymnasieskolan m.m.

Prop.1981/82:15　Om studie- och yrkesorientering i grundskola och gymnasieskola m.m.

Prop.1983/84:116　Om gymnasieskola i utveckling.

Prop.1987/88:102　Om utveckling av yrkesutbildningen i gymnasieskolan.

Prop.1990/91:18　Om ansvaret för skolan.

Prop.1990/91:85　Växa med kunskaper: Om gymnasieskolan och vuxenutbildningen.

Prop.1992/93:250　Ny läroplan och nytt betygsystem för gymnasieskolan, Komvux, gymnasiesärskolan och särvux.

Prop.1997/98:169　Gymnasieskola i utveckling kvalitet och likvärdighet.

Prop.2003/04:140　Kunskap och kvalitet – Elva steg för utvecklingen av gymnasieskolan.

Prop.2008/09:199　Högre krav och kvalitet i den nya gymnasieskolan.

Prop.2010/11:104　Kvalitet i lärlingsutbildning.

Läroplaner

Skolöverstyrelsen, *Läroplan för gymnasieskolan.*（*Lgy70*）*Allmän del*（*del I*）, Stockholm: Liberutbildningsförlaget, 1970.

Skolöverstyrelsen, *Läroplan för gymnasieskolan.*（*Lgy70*）*Supplement*（*del II*）, Stockholm: Liberutbildningsförlaget, 1970.

Skolöverstyrelsen, *Läroplanen för gymnasieskolan.*（*Lgy70*）*Planeringssupplement*（*del III*）, Stockholm: Liberutbildningsförlaget, 1970.

Skolöverstyrelsen, *Läroplan för kommunal och statlig utbildning av vuxna*（*Lvux 82*）, Stockholm: Skolöverstyrelsen, 1982.

Skolverket, *Läroplan för de frivilliga skolformerna*（*Lpf94*）*: gymnasieskolan, gymnasiesärskolan, den kommunala vuxenutbildningen, statens skolor för vuxna och vuxenutbildningen för utvecklingsstörda*, Stockholm: Skolverket, 1994.

Skolverket, *Läroplan, examensmål och gymnasiegemensamma ämnen för gymnasieskola 2011*, Stockholm: Fritzes, 2011.

法規

Skollag（1985:1100）

Skollag（2010:800）

Gymnasieförordning（1992:394）

Gymnasieförordning（2010:2039）

SKOLFS 1994:1, *Förordning om läroplan för det obligatoriska skolväsendet, förskoleklassen och fritidshemmet.*

SKOLFS 1994:2, *Förordning om 1994 års läroplan för de frivilliga skolformerna.*

SKOLFS 2011:144, *Förordning om läroplan för gymnasieskolan.*

ウェブサイト　※ 2015 年 11 月 9 日確認

Elbranchens Centrala Yrkesnämnd, *Yrkescertifikat från ECY*, 2007,
　http://www.ecy.com/docs/tidigare_branschkrav.pdf

PRIM, *Nationella prov Matematik A 2005 vår termin Bedömningsanvisningar*, 2005,
　http://www.su.se/polopoly_fs/1.155927.1384786995!/menu/standard/file/VT2005_bedanv.pdf

SCB, *Gymnasieungdomars studieintresse: Tidsserie för alla program: Båda könen.*

http://www.scb.se/uf0513

Skolverket, *Kursplaner inför 2011*
http://skolverket.se/laroplaner-amnen-och-kurser/gymnasieutbildning/gymnasieskola/kursplaner-fore-2011#top

Skolverket, *Statistik om gymnasieskolan*
http://www.skolverket.se/statistik-och-utvardering/statistik-i-tabeller/gymnasieskola

Sveriges Riksdagen,
http://www.riksdagen.se/sv/Dokument-Lagar/Forslag/Propositioner-och-skrivelser/

Stiftelsen SAF, Lärarförbundet, Lärarnas Riksförbund och SFHL, *Lärarnas Historia* (TAM-Arkiv),
http://www.lararnashistoria.se/

著者紹介

本所　恵（ほんじょ・めぐみ）

金沢大学人間社会研究域学校教育系准教授。京都大学大学院教育学研究科博士後期課程修了。博士（教育学）。日本学術振興会特別研究員（PD）を経て、2012年より現職。専門は教育方法学、カリキュラム論。

主な共著に、『〈新しい能力〉は教育を変えるか──学力・リテラシー・コンピテンシー』（ミネルヴァ書房、2010年）、『パフォーマンス評価──思考力・判断力・表現力を育む授業づくり』（ミネルヴァ書房、2011年）、共訳にハーグリーブス他著『知識社会の学校と教師──不安定な時代における教育』（金子書房、2015年）、エンゲストローム著『変革を生む研修のデザイン──仕事を教える人への活動理論』（鳳書房、2010年）。

スウェーデンにおける高校の教育課程改革
──専門性に結び付いた共通性の模索──　　　　　　　　　（検印廃止）

2016年3月10日　初版第1刷発行

　　　著　者　　本　所　　恵
　　　発行者　　武　市　一　幸
　　　発行所　　株式会社　新　評　論

〒169-0051 東京都新宿区西早稲田3-16-28
http://www.shinhyoron.co.jp
ＴＥＬ　03（3202）7391
ＦＡＸ　03（3202）5832
振　替　00160-1-113487

落丁・乱丁本はお取り替えします。
定価はカバーに表示してあります。

印　刷　理　想　社
装　丁　山　田　英　春
製　本　松　岳　社

© 本所恵 2016年

Printed in Japan
ISBN978-4-7948-1029-8

JCOPY ＜(社)出版者著作権管理機構　委託出版物＞
本書の無断複写は著作権法上での例外を除き禁じられています。複写される場合は、そのつど事前に、(社)出版者著作権管理機構（電話 03-3513-6969、FAX 03-3513-6979、e-mail: info@jcopy.or.jp）の許諾を得てください。

新評論　好評既刊　北欧を知るための本

藤井 威
スウェーデン・スペシャル Ⅰ
高福祉高負担政策の背景と現状
この国の存在感は一体どこからくるのか？前・駐スウェーデン特命全権大使による最新のレポート！
[四六上製　258頁　2500円　ISBN978-4-7948-0565-2]

スウェーデン・スペシャル Ⅱ
民主・中立国家への苦闘と成果
遊び心の歴史散歩から、民主・中立国家の背景が見えてきた。前・駐スウェーデン特命全権大使による最新のレポート2
[四六上製　314頁　2800円　ISBN978-4-7948-0577-5]

スウェーデン・スペシャル Ⅲ
福祉国家における地方自治
高度に発達した地方分権の現状を市民の視点から解明！前・駐スウェーデン特命全権大使による最新のレポート3
[四六上製　234頁　2200円　ISBN978-4-7948-0620-8]

小林ソーデルマン淳子・吉田右子・和気尚美
読書を支えるスウェーデンの公共図書館
文化・情報へのアクセスを保障する空間
人は誰しも本を読む権利があり、それを保証する場所が公共図書館―100年にわたる歴史の中で弛みなく鍛えられてきた図書館文化の真髄。
[四六上製　260頁+カラー口絵4頁　2200円　ISBN978-4-7948-0912-4]

吉田右子
デンマークのにぎやかな公共図書館
平等・共有・セルフヘルプを実現する場所
平等・共有・セルフヘルプの社会理念に支えられた北欧の豊かな"公共図書館文化"を余すところなく紹介！
[四六上製　268頁+カラー口絵4頁　2400円　ISBN978-4-7948-0849-3]

マグヌスセン矢部直美・吉田右子・和気尚美
文化を育むノルウェーの図書館
物語・ことば・知識が踊る空間
険しい地勢条件を乗り越え、充実したシステムを構築している"隠れ図書館大国"ノルウェー。その先進性と豊かさに学ぶ。
[四六上製　316頁+カラー口絵4頁　2800円　ISBN978-4-7948-0941-4]

表示価格は本体価格（税抜）です。

新評論　好評既刊　北欧を知るための本

ヘルシンキ大学世界文化学科編／植村友香子＋オウティ・スメードルンド監訳
北緯60度の「日本語人」たち
フィンランド人が日本語の謎を解く
日本語に通暁したフィンランド人のインタビューを通じて見えてくる素顔のフィンランドとは。相互理解を深めるユニークな文化論！
[A5並製　308頁　2500円　ISBN978-4-7948-0899-8]

ツルネン・マルテイ
フィンランド人が語るリアルライフ
光もあれば影もある
前参議院議員ツルネン・マルテイが母国の友人にインタビュー。普通のフィンランド人が普通の日本人に伝えるメッセージ。
[四六判並製　348頁　2800円　ISBN978-4-7948-0988-9]

スティーヴン・ボーリシュ／難波克彰 監修・福井信子 監訳
生者の国
デンマークに学ぶ全員参加の社会
「知識は力なり」―デンマークを徹底解剖する画期的文化論！民主性を愛した故井上ひさし氏の魂に捧ぐ。
[A5並製　528頁　5000円　ISBN978-4-7948-0874-5]

J.S.ノルゴー&B.L.クリステンセン／飯田哲也訳
エネルギーと私たちの社会
デンマークに学ぶ成熟社会
デンマークの環境知性が贈る「未来書」。一人一人の力で未来を変えるために現代日本に最も必要なエネルギー入門書！坂本龍一氏すいせん！
[A5並製　224頁　2000円　ISBN978-4-7948-0559-4]

サーラ・クリストッフェション／太田美幸 訳
イケアとスウェーデン
福祉国家イメージの文化史
「裕福な人のためでなく、賢い人のために」。世界最大の家具販売店のデザイン・経営戦略は、福祉先進国の理念と深く結びついていた！
[四六並製　328頁　2800円　ISBN978-4-7948-1019-9]

表示価格は本体価格（税抜）です。

新評論　好評既刊　北欧の教育を知る本

A. リンドクウィスト&J. ウェステル／川上邦夫 訳
あなた自身の社会
スウェーデンの中学教科書
子どもたちに社会の何をどう教えるか。最良の社会科テキスト。皇太子さま45歳の誕生日に朗読された詩『子ども』収録。
[A5並製 228頁 2200円 ISBN4-7948-0291-9]

清水 満
改訂新版　生のための学校
デンマークに生まれたフリースクール
「フォルケホイスコーレ」の世界
テストも通知表もないデンマークの民衆学校の全貌を紹介。
[四六判並製 334頁 2500円 ISBN4-7948-0334-6]

河本佳子
スウェーデンののびのび教育
あせらないでゆっくり学ぼうよ
グループ討論や時差登校など平等の精神を築く、ユニークな教育事情（幼稚園〜大学）を自らの体験を基に描く。
[四六上製 243頁 2000円 ISBN4-7948-0548-9]

宇野幹雄
ライブ！スウェーデンの中学校
日本人教師ならではの現場リポート
入学試験なし、休暇中の宿題なし。ちょっとユニークな経験をもつ日本人教師が、スウェーデンの中学生のありのままの姿を綴る。
[四六上製 272頁 2400円 ISBN4-7948-0640-X]

岡部 翠 編
幼児のための環境教育
スウェーデンからの贈り物「森のムッレ教室」
環境対策先進国発。野外保育の真髄とその日本での実践例を詳説。
[四六並製 284頁 2000円 ISBN978-4-7948-0735-9]

表示価格は本体価格（税抜）です。